大学生思想政治教育接受问题研究

基于文化资本分析方法视角

韩巧霞◎著

知识产权出版社
全国百佳图书出版单位

图书在版编目(CIP)数据

大学生思想政治教育接受问题研究：基于文化资本分析方法视角 / 韩巧霞著. — 北京：知识产权出版社,2018.8

ISBN978-7-5130-5686-1

Ⅰ.①大… Ⅱ.①韩… Ⅲ.①大学生－思想政治教育－研究－中国 Ⅳ.①G641

中国版本图书馆CIP数据核字(2018)第162174号

内容提要：

本书立足于文化资本的分析方法，对大学生思想政治教育接受的资源、环境、效果及其接受过程的分类指导等问题做了系统分析。在研究视角上，从文化资本三种形态入手分析大学生思想政治教育接受问题；在研究内容上，以文化资本理论中的“场域”理论为基础将大学生思想政治教育接受的场域环境分为宏观、中观、微观三个层次加以分析，以文化资本理论中的“惯习”理论为基础进行大学生思想政治教育接受效果研究；在研究方法上，选取CGSS数据库的相关数据样本进行分析，构建了计量模型，尝试用数量分析的视角研究三种形态文化资本的影响。

责任编辑：阴海燕　　　　**责任印制：**孙婷婷

大学生思想政治教育接受问题研究——基于文化资本分析方法视角

DAXUESHENG SIXIANG ZHENGZHI JIAOYU JIESHOU WENTI YANJIU——JIYU WENHUA ZIBEN FENXI FANGFA SHIJIAO

韩巧霞　著

出版发行：知识产权出版社有限责任公司	网　址：http://www.ipph.cn
电　话：010-82004826	http://laichushu.com
社　址：北京市海淀区气象路50号院	邮　编：100081
责编电话：010-82000860转8693	责编邮箱：yinhaiyan@cnipr.com
发行电话：010-82000860转8101	发行传真：010-82000893
印　刷：北京中献拓方科技发展有限公司	经　销：各大网上书店、新华书店及相关专业书店
开　本：710mm×1000mm 1/16	印　张：12.5
版　次：2018年8月第1版	印　次：2018年8月第1次印刷
字　数：163千字	定　价：45.00元

ISBN 978-7-5130-5686-1

序

思想政治教育的有效性始终是思想政治教育研究中关注度较高的领域，接受问题是提高思想政治教育有效性的关键所在，亦是思想政治教育研究的根本问题。文化资本理论是马克思资本理论在多个学科领域拓展后形成的研究成果集，因此其不仅仅是从经济视角看待文化问题。根植于当前中国特色社会主义实践深厚土壤的思想政治教育研究，应旗帜鲜明地聚焦中国问题，并结合国外理论借鉴的比较研究，推动具有中国风格与中国气派、符合中国需要的思想政治教育理论的发展。文化资本是一定的思想观念及其物化体现，也是行为方式及生活方式的物化体现，是经过不断学习逐渐积累起来的一种能够促使既有文化资源进一步增殖的文化资源。文化资本理论在个人层面上强调个体在发展过程中由家庭、学校、社会共同作用和影响所形成的文化形态的资本积累及其所蕴含的社会意义。但文化资本又不仅仅停留在个人层面，文化要素以资本的形态固定下来，由个体发散并集聚，得以在更广泛的社会空间积累和传递。这其中，使传统与现代交融成为个体接受活动中不可忽视的重要作用力。思想政治教育接受本质上是一种对具有意识形态属性的思想文化客体的深刻理解和领悟活动，在文化资本理论成果之中蕴含着丰富的接受理论，对大学生思想政治教育接受问题的研究起到重要的借鉴作用，可以为创新思想政治教育研究提供积极的方法论指导。

韩巧霞的新著《大学生思想政治教育接受问题研究——基于文化资本分析方法视角》，立足于文化资本的分析方法，对大学生思想政治教育接受的资源、环境、效果及其接受过程的分类指导等问题做了系统分析。选题对拓展思想政治教育接受问题的理论研究，对思想政治教育接受实践的推进都具有重要的理论意义和实践价值。在研究视角上，尝试运用文化资本理论，从文化资本三种形态入手，分析大学生思想政治教育接受问题，这在以往的研究中是不太常见的；在研究内容上，以文化资本理论中的“场域”理论为基础将大学生思想政治教育接受的场域环境分为宏观、中观、微观三个层次加以分析，以文化资本理论中的“惯习”理论为基础进行大学生思想政治教育接受效果研究；在研究方法上，选取CGSS数据库的相关数据样本进行分析，构建了计量模型，尝试用数量分析的视角研究三种形态文化资本的影响。

总之，作者查阅了大量的文献资料，进行了翔实的资料考证工作，对大学生思想政治教育接受问题有一个比较完整的把握，体现了作者扎实的理论功底，表明作者具有一定的独立从事科研的能力。与此同时，思想政治教育接受问题是思想政治教育研究需要持续关注的领域，因此本书的研究也难免会有这样或那样的局限或不足，如书中关于思想政治教育接受中文化资本效用的实证分析还需持续动态追踪相关数据，不断完善模型的构建。相信在作者的后续研究中会继续遵循严谨的研究态度，更为深入地将文化资本分析方法与思想政治教育接受问题研究相结合。

韩巧霞的这部著作是在她的博士毕业论文的基础上完善而成的，她的博士毕业论文是其所在山东大学马克思主义学院的优秀毕业论文，我想这也是对她读博期间孜孜不倦的求学态度的肯定。作为韩巧霞的导师，我为她在求学道路上的潜心积累和不断进步深感欣慰，也希望她能继续坚持这样的执着和坚定，在科研的道路上越走越远。

徐国亮

2018年6月12日于泉城澄风居

目　录

导　论

一、研究缘起

本书选择我国大学生思想政治教育接受问题作为研究主题的主要原因如下。

首先，对于思想政治教育接受问题的研究是思想政治教育理论科学化的现实需求。按照从低到高的层次性，思想政治教育可以划分为行为规范培养、德性品格养成、政治价值认同等层次，[1]通过逐层递进从而实现思想政治教育的终极目标，每个层次都是思想政治教育开展的有效途径，也是接受效果评价的重要维度。接受问题内含于思想政治教育研究的各个环节、各个层次，接受既是一个过程，也是一个结果，并且接受不是静止的状态，而是动态连续的体系化活动。接受问题不是思想政治教育研究的简单问题或普通问题，而是根本问题，接受意味着承认、相信，一个人接受某种思想，就是这种思想进入了他的头脑，“接受”是“教育”的实现。[2]对思想政治教育的接受资源、接受环境、接受过程、接受效果等方面进行研究，可以深化思想政治教育理论的科学化水平。同时在思想政治教育接受问题上的探索，会深化对教育者、受教育者、教育环境、接受行为等方面的认识，为构建促进思想政治教育接受实效的教育“合力”结构提供科学依据。

其次，思想政治教育接受研究是提升思想政治教育效果的现实旨归。

---

[1] 高国希．论思想政治教育的目标与途径[J]．思想理论教育，2008(11)：4-9.

[2] 刘建军．接受理论对思想政治教育的启示[J]．教学与研究，2000(2)：70-74.

随着现代信息技术的飞速发展,思想政治教育面临由各种信息来源集所组成的接受环境考验,信息接受的兴趣点主动搜寻与潜移默化的信息植入突破了时空的限制。形形色色的信息、文化和思想观念大量充斥、相互交织,接受完全成为一个开放的过程。接受客体包括各种各样思想文化信息,影响来源错综复杂,且对影响效果的反馈与判断呈现出信息不对称的趋向,难度不断增大。这些是现实的困境,也是研究的意义所在。对思想政治教育效果的影响而言,信息技术是一把双刃剑,分析和解决思想政治教育有效性问题,最终需要分析的是当下虚实场域交融之中的思想政治教育的接受问题。信息化时代的到来,不仅是科学范式的转换、思维方式的革命,也是一场思想教育方式、思想接受方式的革命。习近平明确指出:“高校思想政治工作实际上是一个解释疑惑的过程。”[1]这是对思想政治教育有效性的深刻阐释,思想政治教育需要积极面对和及时回应人们的思想困惑,构建更为有效的双向互动的接受机制。

再次,文化向度是思想政治教育接受问题研究的重要视角。关于文化对精神生活的重要意义,伊格尔顿认为,文化事关终极的价值观、直观的确定性、神圣的传统、确定的身份、共享的信仰、象征的行动和一种超验的感觉。我国早期的马克思主义教育理论家杨贤江认为人类复杂生活内容可以分为健康生活、劳动生活、公民生活和文化生活四类,[2]可见文化生活是人类生活的重要组成,是接受活动的重要场域。因此,文化是思想政治教育的重要研究内容,亦是思想政治教育接受问题研究的重要视角。文化与思想政治教育接受是双向互动的:一方面,文化为思想政治教育活动营造良好的空间环境,正如习近平所指出的,“要注重文化浸润、感染、熏陶,既要重视显性教育,也要重视潜移默化的隐形教育”[3];另一方面,接受者的文化能力在接受活动中作为一种文化认同意识和信息过滤器,规定着接受活

❶ 习近平首次点评“95后”大学生[N].人民日报,2017-01-03(2).

❷ 中央教育科学研究所,厦门大学.杨贤江教育文集[M].北京:教育科学出版社,1982:242.

❸ 习近平首次点评“95后”大学生[N].人民日报,2017-01-03(2).

动的选择方向和范围，对接受的信息的解释和理解是基于自身文化理解能力的加工和再生产活动，在社会群体范围中的加工和再生产活动使文化的传统精髓与现时代的需求相结合，成为一种时代精神的体现，对接受者而言亦是内化于心的精神归属所在。

最后，立足于重点研究大学生群体的思想政治教育接受问题。大学生群体是思想政治教育接受的关键群体，当今全球化趋势的持续推进，加之深度网络化的联结作用，文化领域的多样化发展是人们精神文化生活多层次需求的必然结果。大学历来是各种文化与思想、价值与观念交流和碰撞的场域，大学生的思想政治教育工作影响深远且意义重大，思想政治教育应为大学生群体提供人文精神关切，引导、帮助其满足精神文化需求，实现理想信念追求。大学生群体是接受活动中对信息最敏感、最前沿的群体，一方面接受着中国正统文化的熏陶，另一方面对于外来文化也有着较强的接受能力。基于此，本书将思想政治教育接受问题的研究聚焦于大学生群体。

二、研究意义

第一，推动马克思主义理论基本问题的研究。思想政治教育接受问题研究是马克思主义理论研究的重要组成部分。思想政治教育接受研究需要解决“接受什么”“如何接受”“接受效果如何”等一系列问题，这其中“接受什么”，即接受的是马克思主义理论，是接受活动的根基。从大学生思想政治教育接受的文化向度入手，总结和分析接受问题的文化底蕴和哲学基础，可以拓展马克思主义理论基本问题研究的时空和理论层次。

第二，拓宽思想政治教育接受的研究视域。利用“文化资本”这一跨学科的范畴对大学生思想政治教育接受进行理论阐释，有助于拓展和丰富思想政治教育研究的理论体系。文化资本的三种形态实际上给大学生思想政治教育接受提供了三类不同的教育文化资源；文化资本所发挥作用的场域提供了思想政治教育的接受环境，场域中的要素关系构成了思想政治教育接受的社会基础，实践性策略是思想政治教育接受的驱动力；文化资本的符号弱势对思想政治教育接受过程的分类指导提供了新的切入点；文化资本积累过程中的惯习特性潜移默化地影响着思想政治教育的接受效果。

第三，关注大学生群体的文化资本要素及其作用机制，对思想政治教育接受条件、接受方式、接受层次等方面的研究提供理论借鉴和思考。文化资本的研究与信息化的时代背景是息息相关的，在信息社会的背景之下，资本的逻辑已经不再局限于经济领域，而是进入了人们的社会交往领域，深刻影响着人们，特别是大学生群体的价值判断以及对精神价值的追寻。在大学生群体的思想政治教育中文化资本发挥着重要的作用，通过信息媒介场域交融影响大学生思想政治教育接受效果，通过流行文化符号互动中的文化传递影响大学生思想政治教育接受方式，按照精神需求搭建不同的接受层次，并通过文化资本的意识形态属性强化思想政治教育接受活动的政治性。

三、研究综述

（一）国外研究现状

“文化资本”作为一个资本概念最初是由社会学之父——法国学者奥古斯特·孔德（Auguste Comte）在其著作《社会政体体制》里将政治经济学和社会学相融合，提出当人类的产出高于消费时，会使一部分资本通过代代累积的方式最终转换为耐用性资本，[1]孔德没有对文化资本进行明确的界定，但这是“文化资本”观念的最初萌芽。之后也有学者间或提及“文化资本”一词，如英国著名经济学家阿瑟·刘易斯在《经济增长理论》一书中用文化

[1] 古德纳．知识分子的未来和新阶级的兴起［M］．顾晓辉，蔡嵘，译．南京：江苏人民出版社，2002：29.

资本意指一个社会知识积累的基本情况，但都没有形成系统的研究，直到20世纪60年代，法国著名哲学家和社会学家布迪厄[1](Pierre Bourdieu)系统地提出文化资本理论。但是，布迪厄也没有明确给出文化资本的概念界定，认为任何明确的定义都将限定文化资本的解释力和曲解文化资本的本质，文化资本是不断发展、完善的概念。[2]文化资本理论的构建实质上是资本理论的研究回应时代的变化，将马克思的资本关系和逻辑推进到生产以外的更为广阔的社会生活领域，继续着马克思所未完成的资本逻辑批判事业。系统的文化资本理论发生于社会学领域，对经济学中资本的概念进行了非经济学的解读。在布迪厄之后的文化资本研究中，不同学者结合各自学科背景对文化资本进行了各具特色的理论研究，形成多学科整合和开放性交叉的研究景观，如社会学、教育学、文化学、人类学等多个学科都有文化资本的相关研究，这些研究的共性在于，尝试通过超越经济因素与非经济因素对立的文化资本理论，带来各学科相互渗透和融合的新的研究视野，解读更深层次的文化形态对于现代社会以及现代人类精神生活的影响。

布迪厄之后，“文化资本”这一术语开始在全球得到广泛的使用。国外学者对于文化资本从各自不同的领域进行了研究，主要理论成果包括：(1)文化资本与全球化，代表人物：约瑟夫·多尔蒂(Jeseph E. Doherty)、阿伦·斯科特(Allen J. Scott)、杰西·马尔什(Jesse B.T. Marsh)；(2)文化资本与经济发展，代表人物：克利斯朵夫·克拉格(Christopher Clague)、罗亚斯(Viviana Tojas)；(3)文化资本与阶层分析，代表人物：比尔·马丁(Bill Martin)、苏珊·拉伯格(Suzanne Laberge)、亚历克斯·摩尔(Alex Moore)；(4)文化资本与个体发展，代表人物：保罗·迪马哥(Paul DiMaggio)、大卫·斯沃茨(David Swartz)、卢普(Jan C.C. Rupp)。[3]在这些研究中影响最大的是澳大利亚学者

---

[1] 也有学者将布迪厄翻译为“布尔迪厄”或“布丢”。

[2] 曲如晓，曾燕萍．国外文化资本研究综述[J]．国外社会科学，2016(2)：100-108.

[3] 思罗斯比．文化资本[M]．潘飞，译//薛晓源．全球化与文化资本．北京：社会科学文献出版社，2005：547-560.

大卫·思罗斯比(David Throsby),在文化资本理论经历社会学等非经济学领域的理论拓展后,思罗斯比在1998年《什么是文化资本》一文中将“文化资本”重新引入经济学范畴,拓展了经济学界资本的类型,把文化资本作为独立于物质资本、人力资本、自然资本之外的第四种类型的资本,并将文化资本定义为以财富的形式(包括有形和无形)具体表现出来的文化价值的积累,进而研究了文化资本的动态积累。[1]而迈克尔·P.托达罗(Michael P. Todaro)从管理学视角分析了文化资本的影响,认为“在一个拥有人力资源的国家,不仅绝对的人口数量和人们的技术水平是重要的,而且他们的知识、视野、工作态度和自我提高的欲望也是重要的”;[2]科斯坦和戴利将文化资本看作人力资本的重要组成部分,研究了劳动者所接受的教育、技能知识以及经验积累等因素对于劳动能力与报酬的关系。值得注意的是,近些年不少西方学者在文化资本的度量方面进行了大量研究,从文化资本统计指标(Cochrane)、度量方法(Tramonte & Willms)[3]等方面进行实证分析。

西方并没有中国语境中的思想政治教育学科,当然也谈不上文化资本分析方法与思想政治教育接受问题相结合的国外研究成果,但是作为普遍意义的教育学研究却是西方学者将文化资本分析方法与之结合的热门研究领域,这为本书把文化资本分析方法与思想政治教育研究相结合的研究提供了借鉴。国外有关文化资本分析与教育学领域相结合的研究成果颇多,保罗·迪马哥和约翰·摩尔(Paul DiMaggio & John Mohr)结合社会分层把文化资本对教育程度和婚姻选择的影响进行了最小二乘法(OLS)回归分析,论证了其影响是显著的;[4]约翰·霍尔(John R.Hall)分析了等级地位、阶

---

❶ 在思罗斯比的界定中,有形(tangible)文化资指被本是赋予文化意义的建筑、遗址、艺术品等形式的实物存在;无形(intangible)文化资本是,指一系列与既定人群相符合的观念、实践、信仰和价值的心智资本,常存在于公共领域。

❷ 托达罗.经济发展与第三世界[M].印金强,等,译.北京:中国经济出版社,2006:54-57.

❸ Tramonte和 Willms利用层次分析法(AHP)合成文化资本标准化指数。

❹ 迪马哥,摩尔.文化资本、教育程度与婚姻选择[M].周军华,译//薛晓源.全球化与文化资本.北京:社会科学文献出版社,2005:437-473.

层、性别和种族中的文化资本作用；[1]阿兰·库朗（Alain Coulon）借用了文化资本分析方法，对大学生的“结社实践”进行了深入的研究，认为不同的惯习导致了不同的学生社团，对于日后的发展具有很大的影响。其中，普林斯顿大学教授保罗·迪马哥和约翰·摩尔的文化资本研究是迄今美国研究文化资本和社会阶层、社会地位关系中最为经典的研究，通过构建数据库，涵盖了大量丰富的有关学生文化资本、学业成绩和学业成就的信息，并且得出研究结论，文化资本对大学生的教育有显著的影响，特别是对不同性别的大学生的毕业率、研究生入学水平以及教育成就等方面均有影响。

（二）国内研究现状

1. 思想政治教育接受问题的相关研究

胡木贵、郑雪辉的《接受学导论》是国内学者最早将接受理论与思想文化接受相结合的著作，借鉴西方接受美学和大众传播学的理论，并从马克思主义认识论的基点出发对西方接受理论进行总结和扬弃，继而对接受的主客体进行阐释，确立接受活动遵循的原则和方法，这是思想政治教育接受问题研究的重要参考。国内学者在思想政治教育接受问题方面的专门研究是伴随着思想政治教育学科的建立和发展逐渐开展的，自20世纪90年代以来，形成了一批思想政治教育接受问题研究的代表成果。邱柏生主编的《思想教育接受学》对思想政治教育接受进行了概念界定和研究理论的构建，并从受教育者的视角对接受环境、接受心理、接受内容以及接受方式进行梳理。王敏在专著《思想政治教育接受论》中对思想政治教育接受的要素构成、环境系统、活动过程、机制规律以及效果评价等方面作了有益探讨，对思想政治教育接受过程进行了细化的分析和规律性研究。张世欣在专著《思想政治教育接受规律论》中借鉴跨学科的视角对接受概念、接受方式和接受能力进行了分析，并在思想政治教育接受规律的研究中引入了

---

[1] 霍尔．文化资本：等级地位、阶层、性别和种族的不全面研究［M］．柳红霞，译//薛晓源．全球化与文化资本．北京：社会科学文献出版社，2005：330-355.

接受磁场、接受链、接受参量等概念,为思想政治教育接受的质化研究提供了方法上的借鉴。赵继伟的《马克思主义意识形态接受论》则在思想关系视野中研究马克思主义意识形态接受问题,在接受系统、接受过程、接受机理、接受方式和接受评价的研究体系构建中进行了意识形态领域的深入研究。2010年以来,思想政治教育接受问题的研究成果日渐增多,理论内容不断丰富,其中有徐永赞的《思想政治教育接受过程研究》、李颖的《基于哲学解释学视角的思想政治教育接受研究》、于泉蛟的《思想政治教育接受结构研究》、刘新全等的《思想政治教育接受新论》、张雷的《传播理论与大学生思想政治教育有效接受研究》,另有散见于一些学术专著有关思想政治教育接受问题研究的章节论述,等等。在发表学术论文领域,借助中文期刊全文数据库(中国知网,CNKI)通过主题词"思想政治教育"和题名"接受"的查找限定共计获得574篇论文搜索结果,研究成果在2012年开始出现较大幅度的增加,在接受规律、接受过程、接受机制、接受心理等方面均有各自研究的拓展。刘建军在《接受理论对思想政治教育的启示》一文中较早地将接受理论与思想政治教育研究相结合,将现代接受理论的有关观点和方法引入思想政治教育的研究视野;刘居安的思想政治教育接受主体动力研究,李德芳等的思想政治教育接受的社会心理分析,赵志华等的思想政治接受规律研究等是关注度较高、被引次数较多的论文成果。

2. 文化资本概念界定及区分的相关研究

总结国内学者的"文化观",对于文化内涵的研究成果颇多,为文化资本分析与国内文化研究结合提供了理论积淀。国内学者从结构性、规范性、心理性、历史性等视角揭示文化的表现形式,如"生活方式"说、"行为规则"说、"符号系统"说、"学习过程"说、"社会遗产"说等,[1]众多国内学者对文化内涵的理解是有共识的:其一,文化是"习得"的,即文化由作为社会成员的人获得并掌握;其二,文化具有一定的形态并负载意义;其三,文化的核心是价值观,它在文化中具有主导作用,由此构成文化的意义逻辑,即

[1] 张耀灿,等.思想政治教育学前沿[M].北京:人民出版社,2006:395.

“所谓文化就是种种价值，它是各种各样的规范……它是种种观念流”[1]。上述研究也为思想政治教育的文化价值研究提供了丰富的理论借鉴。多学科交叉的文化研究背景为国内学者与国外文化资本理论展开对话，并为形成中国特色的文化资本理论体系提供了理论上的可能，也为文化资本分析与思想政治教育研究的结合提供了更大可能的空间。

自20世纪90年代，文化资本理论开始引起国内学者的关注。1997年出版的由包亚明等编译的《文化资本与社会炼金术》是国内第一部专门介绍布迪厄文化资本理论的专著；之后布迪厄阐述文化资本的相关专著《继承人——大学生与文化》《再生产：一种教育系统理论的要点》《实践感》《国家精英——名牌大学与群体精神》等相继翻译出版，推动了国内学术界尤其是教育学领域对文化资本的研究。王岳川撰写的论文《布迪厄的文化理论透视》是较早对文化资本理论进行分析的研究成果。2005年薛晓源、曹荣湘主编的《全球化与文化资本》一书出版，系统地介绍了文化资本分析方法的国外研究状况。概括来说，国内学者从资源、价值、能力、要素等方面对文化资本理论进行研究及概念的界定，比较有代表性的观点有：姚俭建从资源角度进行定义，认为文化资本是以人的能力、行为方式、语言风格、教育素质、品味与生活方式等形式表现出来的，包括文化能力、文化习性、文化权力、文化产品在内的文化资源的综合；[2]陈赟晓将文化资本定义为能够创造新价值的价值，是文化因素的资本化，并提出文化资本体系由智力因素、制度文化、创新精神、人际和谐、生态伦理五个要素组成；[3]陈长松认为文化资本可以理解为一种能力，包括语言能力、社会交往能力、专业技能、个人的举止风度以及对成功的把握能力等；[4]陈国民细化了文化资本概念，从学校文化资本的定义出发构建了一个生成、积累、转化和再生产动态

[1] 任凯，白燕．教育生态学[M]．沈阳：辽宁教育出版社，1992：164.

[2] 姚俭建．论西方社会的中产阶级——文化资本理论框架内的一种解读[J]．上海大学学报（社会科学版），2005(3)：107-112.

[3] 陈赟晓．论文化资本及其营造[J]．学术研究，2007(5)：57-63.

[4] 陈长松．农民工文化资本分析及其对报道的影响[J]．新闻界，2008(5)：29-30.

变化的多层次概念框架;[1]仇立平等将文化资本的概念从狭义和广义两个层面进行了界定,从狭义工具性变量拓展到广义的资源整合、促进流动;[2]沈再新以民族研究的视角从有形文化资本和无形文化资本两方面进行研究,并在此基础上进行了具体的内容要素分析。[3]随着文化资本研究的深入,文化资本被一些学者上升到国家层面,以国家文化资本的视角进行理论构建,加强提升国家治理能力方面的研究。任勇从国家层面进行了文化资本的研究,指出国家自身所积累起来的文化品性直接影响国家能力建设,中国文化传统的整合与转换是国家借助文化资本提高治理能力的重要途径;[4]许德金进一步提出了"国家文化资本"概念,并对概念的运用范畴及其功能进行了描画。[5]另外,国内学者还进一步把文化资本与其他资本概念进行了比较,以便更清晰地呈现出文化资本的内涵:刘辉武对文化资本、人力资本、社会资本进行了区分,认为文化资本是一个具有相对独立性的概念;[6]王志明则进一步进行界定,指出人力资本偏重于个人能力,文化资本偏重于教育的社会建构。[7]

3. 文化资本分析与教育学相结合的应用性研究成果

国内学者结合各自不同的学科背景将文化资本与教育学,尤其是高等教育领域相结合,开展了丰富的应用性研究。赵芳、黄润龙从心理健康教育的视角分析了农民工群体文化资本缺失带来的心理融入困境;[8]周小李

---

❶ 陈国民.学校文化资本的定义、概念框架与研究边界[J].上海教育科研,2010(8):27-30.

❷ 仇立平,肖日葵.文化资本与社会地位获得——基于上海市的实证研究[J].中国社会科学,2011(6):121-135.

❸ 沈再新.文化资本视角下散杂居区新农村建设的路径选择[J].湖北社会科学,2012(2):63-65.

❹ 任勇.国家治理视野中的核心价值:基于文化资本的考察[J].社会科学,2010(3):9-15.

❺ 许德金.作为国家软实力的文化:国家文化资本论(上)[J].江淮论坛,2013(5):125-129.

❻ 刘辉武.文化资本与农民工的城市融入[J].农村经济,2007(1):122-125.

❼ 王志明.人力资本、文化资本与个体教育获得——基于教育与社会结构关系框架下的讨论[J].江苏高教,2008(2):23-25.

❽ 赵芳,黄润龙.文化资本与农民工的城市融入[J].法制与社会,2008(13):192-193.

从文化资本的性别差异入手，分析了文化资本性别弱势造成女大学生就业困境问题；[1]吴愈晓从社会学视角分析了文化资本各分指标对中国城乡居民教育分层的影响；[2]高宣扬以多学科视角结合文化资本的分析方法系统解读了流行文化的生成和影响机制，进而论析了流行文化通过符号、语言等对精神生活的渗透和影响，成为流行文化社会学分析中的代表性观点；郭凯、余秀兰、谢益民、陈卓等学者从文化资本的“场域”概念入手分析了教育场域尤其是大学场域中文化资本积累、分配以及再生产的差异问题。[3]另外，在国内学者已有的研究成果中，关注到流动儿童、农民工、农村劳动力、女性等弱势群体的文化资本获得和传递问题，结合文化资本具体化、客观化、制度化三种形态，从家庭、学校、社会等层面进行了深入研究。[4]在对国内学者论文成果的分析中，国内关于文化资本研究发文量最多的学者中，对本书的思想政治教育接受问题研究有直接借鉴意义的研究方向分别是：陈卓的研究视角是文化资本与高等教育问题，陈旭峰的研究视角是文化资本与农民工问题，王岳川的研究视角是文化资本基础理论研究，罗生全的研究视角是文化资本与学校课程建设，朱国华的研究视角是文化资本

---

❶ 周小李．女大学生就业难：文化资本与符号资本的双重弱势[J]．教育研究与实验，2011(1)：43-47.

❷ 吴愈晓．中国城乡居民的教育机会不平等及其演变(1978—2008)[J]．中国社会科学，2013(3)：4-21.

❸ 郭凯．文化资本与教育场域——布迪厄教育思想述评[J]．当代教育科学，2005(16)：33-37；余秀兰．文化再生产：我国教育的城乡差距探析[J]．华东师范大学学报(教育科学版)，2006(2)：18-26；谢益民．论教育场域中的文化资本与话语构建：以学生为视角[J]．湖南社会科学，2013(6)：269-271；陈卓．教育场域中的文化资本与社会分层[J]．上海教育科研，2013(9)：19-22.

❹ 观点总结基于国内学者的相关论述。参见王小红．农村转移人员文化资本的生成与提高——布迪厄文化资本再生产理论透视[J]．外国教育研究，2006(7)：12-14；易佳，张淑萍．论农村妇女的文化资本[J]．安徽农业科学，2008(5)：2154-2156；周海玲．文化资本视角：流动儿童教育公平化策略[J]．当代青年研究，2008(9)：21-26；孙奎立，刘庚常．文化资本：农民社会分化障碍研究的新视角[J]．生产力研究，2010(9)：38-40；孙杰．论文化资本对农村义务教育均衡发展的影响——布迪厄文化资本理论的启示[J]．山西大学学报(哲学社会科学版)，2011(5)：107-110；杨春华．“无形文化资本”与农村家庭社会地位的获得：基于对农村调查的思考[J]．山东社会科学，2014(8)：87-92.

基本概念梳理，李昕的研究视角是文化资本与符号消费等，其他作者的研究情况在后面的文献计量分析中会具体呈现。

国内学者对文化资本的研究还借助于计量分析手段，对资本存量进行定量测量，这为本书后续研究中文化资本对思想政治教育接受的定量分析提供了方法上的借鉴。金相郁、武鹏采用层次分析法和均值化方法计算出省级区域的文化资本存量水平的横截面数据，并进一步验证了文化资本区域分布的不平衡性；[1]孙远太以国外文献中常用的指标（文化活动参与和家庭文化氛围）测量文化资本，并检验文化再生产和文化流动两个假设在国内的适用性问题；[2]仇立平、肖日葵通过广义文化资本的测量，用实证研究证实文化资本影响个人教育获得和社会地位获得，且这种影响具有持续稳定的作用。

（三）文献计量分析

1. 文献的数据库选择和数据统计

从1995年的起步研究以来，文化资本相关领域的研究不断拓展与深化，研究领域的论文成果逐年增多，研究主题、视角和方法呈现出多样化的趋势。动态追踪文化资本研究领域的前沿热点，可以了解理论研究发展的趋势。借助文献计量软件CiteSpaceⅢ[3]，对文献分类排序特征、关键词等方面的信息归集，全面了解目前学者在文化资本研究方面，尤其是在与思想政治教育结合上的集聚特点，以期分析结果可为本书的后续研究提供参考和借鉴。研究选择的期刊、作者、关键词等文献数据信息来源于中文期刊全文数据库（中国知网，CNKI），检索主题词为“文化资本”，检索时间段设置

---

❶ 金相郁，武鹏. 文化资本与区域经济发展的关系研究[J]. 统计研究，2009（2）：28-34.

❷ 孙远太. 家庭背景、文化资本与教育获得——上海城镇居民调查[J]. 青年研究，2010（2）：35-43.

❸ CiteSpace软件是由美国费城德雷塞尔大学副教授、大连理工大学陈超美教授于2006年开发的一种信息可视化软件，通过不同网络节点的选择，进行文献作者合作、关键词和机构共现分析、作者和期刊共引等方面的词频统计和知识图谱绘制。

在1995—2016年之间，检索论文来源类别设置为全部期刊，最终检索到有关文化资本研究领域的文献共计3768篇，删除会议记录、会议通知、新书评介、编辑部寄语、机构介绍、通知宣传稿件等非学术研究文献，共筛选出有效文献3407篇，检索及更新时间截止于2017年1月30日（如图1所示❶）。从1995—2016年期间文化资本研究领域的发文量的年度分布来看，国内学者越来越重视文化资本方面的研究，发文量一直保持相对稳定的增长。

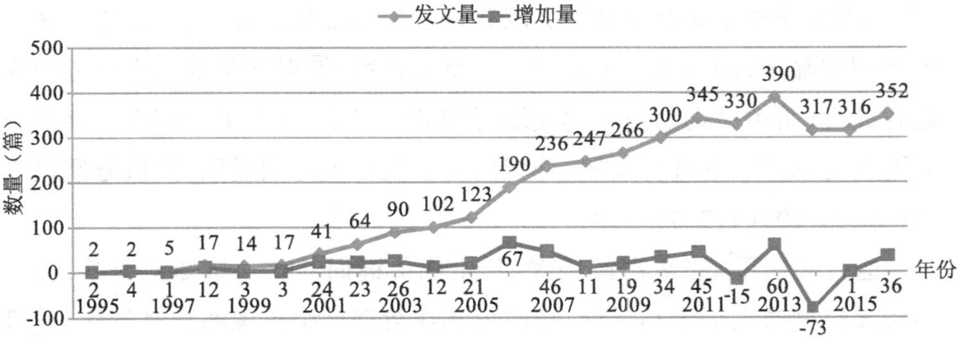

图1　1995—2016年CNKI数据库中文化资本研究领域发文量及增加量分布

2. 关键词的共词聚类分析

（1）作者分类排序特征。

通过CiteSpace软件进行文化资本研究领域的发文作者及被引作者的统计发现，这一领域的研究作者极为分散，所属学科也较分散，因此没有形成很明显的作者聚类群，无法形成作者群的知识图谱。统计数据库内，1995—2016年发表过文化资本领域相关主题论文的作者共计743位，其中发文量最高的作者是张鸿雁（44篇，起始时间为2002年），其重点研究领域为“城市文化资本”，其次是陈卓（27篇，起始时间为2008年）和徐望（19篇，起始时间为2012年），前者的重点研究领域为文化资本与教育，后者为文化

❶ 图1中数据均是删除非学术研究文献后的数据统计。

资本与文化产业。发文量居前的作者还有陈旭峰(18篇,起始时间为2010年)、曾文雄(16篇,起始时间为2011年)、李敏(15篇,起始时间为2003年)、陈赞晓(15篇,起始时间为2007年)、王岳川(13篇,起始时间为1998年)、罗生全(15篇,起始时间为2010年)、朱国华(11篇,起始时间为2001年)、叶舒宪(11篇,起始时间为2005年)、李昕(11篇,起始时间为2008年)。

(2)关键词共现矩阵。

在关键词的计量分析方面,CiteSpace软件的主要功能是对输入的文献数据进行可视化分析和生成矩阵,据此获得关键词共现矩阵,具体步骤如下:①对文化资本研究领域的文献数据进行标准化处理,对数据进行基本的梳理和筛选,确保其属于文化资本研究领域;②对文献的关键词进行规范化处理,将关键词的同义词或缩写词进行规范,部分关键词进行大类合并[1];③对软件参数进行设置,分析内容设置为关键词提取,阈值分别设定为(25,24,20)(4,3,9)(3,3,9)。

运行共获得453个高频关键词,生成关键词共现网络知识图谱,图谱中对关键词节点的大小对比,反映出其在数据库中出现的相对频次,连线则表示节点间共现关系的强弱,决定了关键词间形成聚类的可能。图谱中“文化资本”(Freq=2263)、“文化产业”(Freq=643)、“场域”(Freq=288)是共现频次最高的三个关键词。关键词共现频次居前列的还有“布迪厄”“文化创意产业”“社会资本”“惯习”“教育平等”“区域实例”“民族文化”“文化再生产”“社会分层”等。高频关键词所表示的研究内容反映出1995—2016年文化资本研究领域的主体内容,构成理论研究领域知识网络的主要路径。

[1] 规范关键词的同义词或缩写词方面,如将“布尔迪厄”“布丢”并入“布迪厄”,“场域理论”“场域论”并入“场域”,将“生存心态”“习性”并入“惯习”,将“代际传承”“代际流动”并入“代际传递”,将“动画产业”“动画电影”“城市动画”并入“动漫产业”;部分关键词大类合并方面,如将“文化产业体制改革”“文化工业”“文化业态”“产业链”等统一并入“文化产业”,“首都文化”“京津冀地区”“江苏省”“黑龙江省”“老字号”等统一并入“区域实例”,将“《创业史》”“《山乡巨变》”“《诗品》”等统一并入“经典文学文本”,将“农村文化”“乡村文化”统一并入“村落文化”等。

(3)共词聚类分析。

在进行聚类分析时借鉴了卡龙等(Callon, Courtial & Laville)的聚类原则,通过构造余弦指数[1]来识别研究的大类和内容,由此将453个关键词划分出74个聚类。其中部分聚类只有两个关键词聚类成员,且不能准确反映此聚类所代表的研究方向,因此删除无效聚类,最后形成61个聚类。根据每个聚类所包含的关键词,可以概括出该聚类的名称,61个聚类名称就是该领域主要研究内容的合并,详见表1。

表1　聚类名称及构成内容

聚类号	聚类名称	聚类成员
1	城市文化资本	仪式文化(1.000)、城市人格(1.000)、国外文化(1.000)、城市文化资本(0.707)
2	学校文化资本	概念框架(1.000)、研究边界(1.000)、学校文化资本(0.408)
3	文化资本社会运作	转化(1.000)、象征(1.000)、社会资源(1.000)、身份认同(0.775)、原因(0.577)、经济资本(0.500)、品牌(0.447)、动漫产业(0.354)、文化资源(0.289)
4	知识分子介入问题	和合(1.000)、断裂(1.000)、知识分子(0.617)、农村(0.617)、困境(0.408)
5	文化创意产业	需求(1.000)、供给(1.000)、环境(0.816)、评价(0.707)、文化创意产业(0.316)
6	场域位置	高校位置(1.000)、分层(1.000)、社会学(0.816)、场域(0.338)
7	农村转移人员	农村转移人员(1.000)、社会地位(1.000)、社会化(0.667)、家庭背景(0.408)、家庭(0.365)、教育(0.316)

[1] 余弦指数用来表示节点的连线强度,即共现强度。

续表

聚类号	聚类名称	聚类成员
8	文化产业	价值系统（1.000）、价值链（1.000）、文化产业（0.283）
9	现实社会意义	精神财富（1.000）、作用方式（1.000）、价值指标（1.000）、民族文化（0.567）
10	教学惯习	交往（1.000）、积累（1.000）、反思（1.000）、教学（1.000）、高校教师（0.577）、机制（0.500）
11	文化推动力	区域经济（1.000）、动力机制（1.000）、发展趋势（0.816）、生态文明（0.707）、传统文化（0.354）、经济转型（0.218）
12	科研评估制度	科研评估制度（1.000）、英国（1.000）、对策（0.577）、资本（0.500）
13	发展型消费	发展型消费（1.000）、学习消费（1.000）、人情消费（1.000）、城市青年（1.000）、新生代农民工（0.816）
14	文学研究	经典文学文本（1.000）、钟嵘（1.000）、思想启蒙（1.000）、寒人（1.000）、士族（1.000）
15	城市融入	创业（1.000）、城市融入（1.000）、农民工（0.577）、话语（0.500）、市民化（0.447）
16	区域实例研究	制度（1.000）、互动（1.000）、区域实例（0.707）、文化（0.577）
17	影子教育	教育全球化（1.000）、影子教育（1.000）
18	文化生态	文化生态（1.000）、价值反思（1.000）、后现代（0.756）、解构（0.577）、非物质文化遗产（0.408）、旅游（0.316）、全球化（0.224）
19	文化经营	文化经营（1.000）、文化贸易（1.000）、对外文化交流（0.577）、文化产品（0.530）、支柱性产业（0.500）、文化生产（0.500）、文化事业（0.500）、公益性文化事业（0.447）、城市文化（0.378）

续表

聚类号	聚类名称	聚类成员
20	影视文化	影视文化(1.000)、柏林国际电影节(1.000)、文化中心(1.000)、电影产业(0.408)
21	教育分层	教育分层(1.000)、理性行动理论(1.000)、教育政策(0.816)
22	粗俗文化批判	马克思(1.000)、粗俗文化(1.000)、人性论(1.000)、先进文化(0.866)
23	文化危机	文化危机(1.000)、归因探究(1.000)、教师权力(0.816)
24	互联网+	互联网+(1.000)、IP模式(1.000)
25	学校体育	体育教师(1.000)、学校体育(1.000)、布迪厄(0.224)
26	学校考试与课改	高中新课改(1.000)、结构(1.000)、理念(0.775)、考试(0.775)、中国改革(0.756)、文化资本(0.195)
27	资本积累	人力资本(0.866)、校长成长(0.866)、工业遗产(0.577)、资本投入(0.516)、新农村建设(0.516)、代际传递(0.408)、可持续发展(0.365)、产权制度(0.354)、经济增长(0.224)、社会资本(0.177)
28	高等教育研究	高等教育(0.816)、社会分层(0.816)、机会平等(0.577)、社会流动(0.500)、惯习(0.430)、社会结构(0.385)、高等教育入学机会(0.333)、资本转化(0.333)、教育平等(0.322)、入学机会(0.316)
29	农民工子女	社会排斥(0.816)、农民工子女(0.816)、认知内驱力(0.655)、家庭教育(0.447)、影响因素(0.378)、贫困文化(0.333)、学业成就(0.309)
30	城乡差异	城乡差异(0.816)、学校(0.816)、差异(0.408)、大学生(0.316)、文化再生产(0.283)、家庭文化资本(0.272)、高考(0.258)

续表

聚类号	聚类名称	聚类成员
31	物质文化遗产	物质文化遗产(0.816)、旅游开发(0.816)、文化生活(0.507)、村落文化(0.500)、发展(0.200)
32	社会主义文化	社会主义文化(0.816)、经营性文化(0.816)、文化体制改革(0.707)、意义文化(0.577)、文化战略(0.577)、文化一体化(0.500)、新兴文化产业(0.500)、价值取向(0.471)、国家文化(0.471)、观念价值(0.408)
33	文化符号	审美意象(0.707)、符号(0.707)、民族文化产业(0.516)、市场(0.516)、消费社会(0.408)、传播(0.354)
34	人才培养质量成本	质量成本(0.707)、高校(0.707)、资本理论(0.354)
35	阶层再生产	阶层再生产(0.667)、教育过程(0.667)、贫困生(0.236)
36	社会主义核心价值观	社会主义核心价值观(0.667)、时代精神(0.667)、文化多样性(0.333)、文化特质(0.309)
37	中国文化	中国文化(0.577)、世界文化发展(0.577)、地域文化(0.500)、文化象征(0.500)、文化转向(0.348)
38	消费文化	消费文化(0.577)、消费(0.577)、时尚(0.577)、女权主义(0.500)、价值观(0.408)、社会阶层(0.378)、文化消费(0.354)、文化景观(0.309)
39	实践理论	体育参与(0.577)、实践理论(0.577)、城镇化(0.500)、学生(0.289)
40	经济发展	经济发展(0.577)、跨越式发展(0.577)、发展战略(0.500)、文化经济(0.333)
41	人文精神	人文精神(0.577)、人文资源(0.577)、人文建设(0.577)、和谐发展(0.577)、学校场域(0.500)、文化创意(0.408)
42	企业家文化资本	企业家精神(0.577)、企业家文化资本(0.577)

续表

聚类号	聚类名称	聚类成员
43	少数民族文化	少数民族(0.577)、资本化(0.577)、模式(0.555)、文化旅游(0.500)、传承(0.471)、路径(0.333)、学校文化(0.189)
44	农民问题	农民(0.577)、缺失(0.577)、问题(0.408)
45	择校问题	中产阶级(0.577)、择校(0.577)、基础教育(0.500)、义务教育(0.408)
46	符号暴力	符号暴力(0.535)、社会再生产(0.535)、辍学(0.500)、教育场域(0.447)、农村教育(0.365)
47	经济价值	经济价值(0.500)、现状(0.500)、开发(0.408)、创意经济(0.258)
48	文化价值	文化价值(0.500)、中国(0.500)、文化强国(0.436)、武术文化(0.436)
49	新型城镇化建设	新型城镇化(0.500)、功能(0.500)、民族地区(0.500)、城市(0.500)
50	国家文化资本	国家文化资本(0.500)、文化软实力(0.500)、软实力(0.500)、文化自觉(0.408)、文化类型(0.236)
51	文化全球化	文化全球化(0.500)、主题公园(0.500)、核心竞争力(0.436)
52	阶层固化	阶层固化(0.500)、循环累积(0.500)
53	职业技术教育	职业技术教育(0.500)、职业(0.500)
54	创意指数	创意指数(0.500)、指标体系(0.500)
55	辅导员场域	辅导员(0.500)、逻辑(0.500)、高职院校(0.500)
56	文化艺术	文化艺术(0.447)、创意文化(0.447)
57	大众文化	大众文化(0.447)、意识形态(0.447)、主导文化(0.447)、粉丝文化(0.316)、大众传媒(0.309)
58	企业文化	企业文化(0.447)、起源(0.447)、文化运营(0.333)
59	民族精神	民族精神(0.378)、文化遗产(0.378)
60	文学场	文学场(0.365)、意义(0.365)

续表

聚类号	聚类名称	聚类成员
61	文化创新	文化创新(0.236)、规约(0.236)

注:表1中排序第一和第二的关键词是主要关键词,后面关键词括号中的数字即为该关键词的余弦指数。

3. 战略坐标图的绘制

战略坐标图是以各聚类新颖度和关注度指标数值为依据绘制的二维平面图(图2),四个象限内各聚类的分布位置反映出其所代表领域的研究现状分区及未来的可能发展或变化。其中,新颖度指标反映每个聚类中各关键词成员平均共现时间与全部关键词平均共现时间的离均差,负值表示该聚类研究起始时间较早,正值表示该聚类研究起始时间较晚;关注度指标反映每个聚类平均共现频次与全部关键词平均共现频次的离均差,负值表示该聚类研究内容受关注程度较低,正值表示该聚类研究内容受关注程度较高。❶

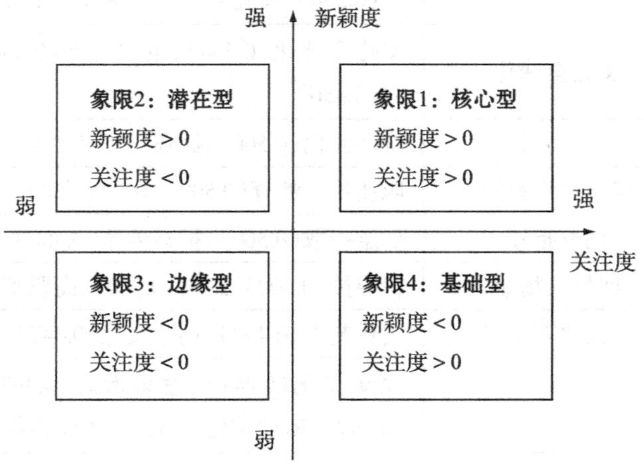

图2　研究领域聚类战略坐标图

❶ 沈君,等.战略坐标视角下的专利技术主题分析——以第三代移动通信技术为例[J].情报杂志,2012(11):88-94.

根据CiteSpace可视化软件生成的数据进行关注度和新颖度计算，可得出如表2中所示的指标数值，将新颖度（纵轴）和关注度（横轴）绘制成战略坐标图，各聚类的二维坐标决定其在战略坐标的象限位置。在战略坐标图中，61个聚类中有3个聚类分布于第一象限（聚类5、25、27），31个聚类分布于第二象限（聚类2、4、11、13、14、15、17、18、20、21、23、24、34、35、36、39、42、43、44、47、48、49、50、51、52、53、54、55、56、60、61），17个聚类分布于第三象限（聚类1、7、9、10、22、29、31、32、33、37、38、41、45、46、57、58、59），10个聚类分布于第四象限（聚类3、6、8、12、16、19、26、28、30、40）。

表2　各聚类的关注度和新颖度指标

聚类编号	关注度	新颖度	聚类编号	关注度	新颖度
1	−16.741	−0.011	18	−0.884	0.382
2	−26.408	0.239	19	0.926	−2.650
3	6.703	−0.650	20	−21.741	2.739
4	−15.541	0.039	21	−27.074	3.239
5	8.259	2.039	22	−27.741	−1.761
6	48.009	−1.761	23	−26.074	1.239
7	−1.908	−2.927	24	−29.741	6.239
8	185.259	−3.761	25	50.259	0.573
9	−2.491	−3.011	26	350.759	−2.761
10	−21.741	−0.761	27	1.059	0.039
11	−13.741	1.573	28	24.359	−2.461
12	32.759	−1.261	29	−12.741	0.382
13	−23.341	5.239	30	9.545	−2.189
14	−28.941	2.639	31	−1.941	−2.761
15	−9.741	0.239	32	−13.541	−0.461
16	35.259	−2.761	33	−20.241	−1.427
17	−30.741	3.239	34	−21.074	2.906

续表

聚类编号	关注度	新颖度	聚类编号	关注度	新颖度
35	-22.741	2.239	49	-10.991	0.989
36	-19.491	3.739	50	-16.341	1.839
37	-13.341	-2.161	51	-24.408	2.239
38	-7.366	-1.136	52	-28.241	5.239
39	-16.241	2.739	53	-26.741	1.239
40	23.509	-1.011	54	-23.741	2.239
41	-16.408	-2.761	55	-28.741	5.239
42	-28.241	6.239	56	-16.241	0.239
43	-10.598	2.096	57	-13.941	-1.161
44	-18.074	0.239	58	-17.741	-3.427
45	-20.241	-1.261	59	-12.741	-1.761
46	-9.341	-1.561	60	-16.241	0.239
47	-17.241	1.989	61	-12.741	-0.761
48	-14.241	1.739			

位于第一象限的聚类5、25和27，其关注度和新颖度均>0，位于研究核心型区域，表明其所代表的内容在1995—2016年期间的文化资本研究领域中研究较为成熟，即属于文化资本研究领域的热点和核心内容。具体包括“文化创意产业”“学校体育”“资本积累”等相关内容。

位于第二象限的聚类2、4、11、13、14、15、17、18、20、21、23、24、34、35、36、39、42、43、44、47、48、49、50、51、52、53、54、55、56、60、61，这31个聚类的关注度<0，而新颖度>0，位于研究潜在型区域，表明其所代表的内容是在1995—2016年期间的文化资本研究领域中出现的学术研究热点，但是关注度还不高。这些研究热点或将成为以后学术研究领域关注的重点领域，具体包括“学校文化资本”“知识分子介入问题”“文化推动力”“发展型消费”“文学研究”“城市融入”“影子教育”“文化生态”“影视文化”“教育分层”

“文化危机”“互联网+”“人才培养质量成本”“阶层再生产”“社会主义核心价值观”“实践理论”“企业家文化资本”“少数民族文化”“农民问题”“经济价值”“文化价值”“新型城镇化建设”“国家文化资本”“文化全球化”“阶层固化”“职业技术教育”“创意指数”“辅导员场域”“文化艺术”“文学场”“文化创新”等相关内容。

位于第三象限的聚类1、7、9、10、22、29、31、32、33、37、38、41、45、46、57、58、59，这17个聚类的关注度和新颖度均<0，位于研究边缘型区域，表明其所代表的内容是在1995—2016年期间的文化资本研究领域中关注程度不高，且在时间上研究较为靠前，近些年研究较少的领域。具体包括“城市文化资本”“农村转移人员”“现实社会意义”“教学惯习”“粗俗文化批判”“农民工子女”“物质文化遗产”“社会主义文化”“文化符号”“中国文化”“消费文化”“人文精神”“择校问题”“符号暴力”“大众文化”“企业文化”“民族精神”等相关内容。位于边缘型研究区域的聚类，其研究状态可以分为以下两种情况：一种情况是曾经为文化资本研究领域的热门选题，但由于其具有时效性或其他原因，这些聚类最近已经退出学术研究的主流；另一种情况是在1995—2016年间文化资本研究领域中一直受关注度不高，近几年仍研究相对较少的领域。

位于第四象限的聚类3、6、8、12、16、19、26、28、30、40，这10个聚类的关注度>0，而新颖度<0，位于研究基础型区域，表明其所代表的内容在1995—2016年期间的文化资本研究领域中虽然不是新的研究热点，但受关注度一直较高。具体包括“文化资本社会运作”“场域位置”“文化产业”“科研评估制度”“区域实例研究”“文化经营”“学校考试与课改”“高等教育研究”“城乡差异”“经济发展”等相关内容。

通过对CNKI数据库期刊文献的分类排序特征、关键词等方面的文献计量分析，可具体描述文化资本研究领域的研究状况以及关注度和新颖度。但是需要特别指出的是，在本书研究进行的文献计量分析中，CiteSpace软件本身以及数据库数据收集存在一定的局限，如数据规范化处理过程中阈值的设定以及数据检索条件的设置等。数据库样本量存在一定差别,可能会对分析结果产生影响,需在后续研究中进一步改进。

(四)文献综述评析

当前理论界对于文化资本的含义并未达成共识,但一些基本属性是普遍认可的:文化资本在一定场域中具有对人类行为进行约束的规范作用以及可以为人们带来收益的属性,[1]通过教育形式可以使个人形成一定的文化资本积累,并在某些特定条件下转换为相应的社会资本和经济资本。文化资本的系统提出发生于布迪厄的社会学理论对资本概念进行的非经济学的解读,但布迪厄本人的研究是在社会学理论的基础之上借助了多学科的理论交叉方得以完成其资本理论体系的构建。因此,此后的学者们在不同学科领域进行了各自的研究,在学科间的相互渗透、相互借鉴、互动演进中,学者们对于资本的认识不断地深化,为研究者建立新的理论范式提供了独特视角和普遍的方法论价值,为基础理论研究与应用分析之间架设新的通道、寻找新的理论支点提供了宝贵的学术启迪和逻辑基础。[2]文化资本理论对于马克思资本理论非经济的解读视野,给思想政治教育接受问题研究提供了一个新的理论思考维度。特别是基于聚类分析视域下对文化资本研究的梳理,可以为思想政治教育理论研究带来以下启发:

第一,研究基础型区域可以提供理论分析的方法借鉴。文化资本研究基础型区域是目前这一领域研究较为成熟的理论基础,这一区域诸如聚类“文化资本社会运作”“场域位置”“学校考试与课改”“高等教育研究”“城乡差异”等,已形成较为成熟的理论成果或成果群。这些已有的理论研究可以为大学生思想政治教育接受问题的研究提供文化资本分析的视角和方法借鉴。

---

[1] 许苏明.论文化资本、身体规训与思想政治教育的内在关系[J].思想理论教育,2007(9):18-22.

[2] 李萍,田坤明.新型城镇化:文化资本理论视域下的一种诠释[J].学术月刊,2014(3):85-93.

第二，研究潜在型区域的研究有待挖掘。“学校文化资本”“教育分层”“人才培养质量成本”“阶层再生产”“社会主义核心价值观”“实践理论”“农民问题”“新型城镇化建设”“辅导员场域”等都是新颖度较高的研究领域。根植于当前中国特色社会主义实践深厚土壤的思想政治教育研究，应旗帜鲜明地聚焦此类中国问题，并结合国外理论借鉴的比较研究，推动具有中国风格与中国气派、符合中国需要的思想政治教育理论和实践的发展，[1]因此从文化资本研究潜在型区域入手，亦可为思想政治教育相关领域研究提供新的视角。网络时代的虚拟化与社会化交织，加速文化资本的跨国界流动，“国家文化资本”的研究吸引越来越多学者参与，同时，“文化全球化”带来教育环境和教育载体的复杂与变化，“大数据”“互联网+”等研究领域推动了传统研究与信息化视角的融合，“文化推动力”“文化创新”“文化价值”等研究领域的新颖度也较高，在思想政治教育接受的研究领域并不陌生，为文化资本研究与思想政治教育接受研究的融合提供了更多理论上的支撑。

第三，跨学科的合作丰富思想政治教育理论研究。与相关学科的理论前沿保持对话和沟通，通过严格的筛选与整合汲取其知识养分，才能始终保持思想政治教育的鲜活生命力。[2]从文化资本研究领域的知识网络图谱来看，虽然研究学科众多，但是部分学科的聚类效果并不明显，可以进一步加强与社会学等相关学科的合作，以思想政治教育基础研究为根基，借鉴多种学科知识体系、话语体系及分析工具，拓宽研究视野。

总结文化资本的研究，需要注意的是，本质上资本不是物，而是以物为媒介的人与人之间的关系，对待文化资本亦是如此，以“资本”阐述问题最终的指向是“人”。因此需要特别指出的是，当前的研究需要辩证地看待文化资本。一方面，文化资本发展在上升意义层面意味着文化资本形成的生产力是一种强调与人的发展协调、统一的社会生产力，也正是要实现马克

[1] 沈壮海．论思想政治教育理论研究的新范式与新形态[J]．思想理论教育导刊，2007(2)：40-46.

[2] 陈秉公．论思想政治教育学科基本理论的再系统化[J]．思想理论教育导刊，2006(8)：43-48.

思所说的“人的自由而全面的发展”;另一方面,文化资本过度扩张会造成片面追求商品化的文化发展,使人与自然、人与人之间生态和生存圈内的关系失衡。因此需要把文化资本问题置入信息化的时代背景中,反思文化资本对人类社会结构、文化选择、传统文化继承和发展、精神信仰等方面的影响,这些层面亦是思想政治教育研究所需关注的重要问题,通过这样辩证视野中的研究分析为研究思想政治教育接受问题提供新的方法借鉴。

四、研究方法

本书在坚持辩证唯物主义和历史唯物主义方法论原则的基础上,主要采用四种研究方法。

1. 文献研究法

对文化资本的已有研究成果进行广泛且细致的搜集、分类和整理,并通过文献计量的相关软件如CiteSpace软件等进行统计学上的分析,以期在数据上为文化资本现有理论成果对思想政治教育接受问题研究的借鉴提供更多的论据支撑。

2. 系统分析法

借鉴文化资本分析方法对大学生思想政治教育接受问题的文化向度研究是一个系统的研究,在研究过程中既要有文化资本与大学生思想政治教育接受关系的阐释,又需要分别从文化资本分析中的场域、符号弱势、惯习等概念入手对思想政治教育接受问题研究中的接受资源、接受环境、接受过程、接受效果等方面进行探讨,继而需要从文化资本语境中整体看待大学生思想政治教育接受的完善进路。这是一个体系化的分析过程,需要有系统的思维。

3. 逻辑和历史相统一的方法

对大学生思想政治教育接受问题的研究,不仅注重运用逻辑思维方法进行理论论证,而且重视运用历史方法理解作为思想政治教育接受的重要资源的文化的发展脉络，以及其资本化形态与大学生思想政治教育接受的内在互动。借助文化资本场域概念进行的大学生思想政治教育接受环境分析，实际是把场域共时性考虑在其中进行的理论分析，而借助惯习概念进行的大学生思想政治教育接受效果分析，实际是把惯习历时性考虑在其中进行的理论分析。在共时性和历时性的分析中，应力求做到逻辑与历史的统一。通过进行逻辑思考，以文化资本分析方法的视角形成大学生思想政治教育接受问题研究的脉络。

4. 计量模型构建与数据分析

通过在权威网站获取的中国综合社会调查（CGSS）的数据，筛选出青年群体的样本数据，利用SPSS统计学软件建构Logistic回归模型，进行多元回归分析。通过定量分析，以期分析文化资本的三种形态对公平感、信任感、幸福感、职业价值观、主流价值观一致度五个方面的影响，这五个指标也是思想政治教育需要关注的重要维度，可为后续大学生思想政治教育接受问题的分析提供实证支撑。

五、创新之处

本书的创新之处在于：

一是利用文献计量分析软件进行论文数据库的大数据收集，以绘制战略坐标图的方式呈现文化资本研究领域的关注度和新颖度，以期实现文化资本分析方法与大学生思想政治教育接受问题研究更好地融合。

二是在接受资源研究方面，从文化资本三种形态入手分析大学生思想政治教育接受的资源，研究如何使不同形态的文化资本以适当方式“入场”，形成大学生思想政治教育接受的有效资源；在接受环境研究方面，以文化资本分析中“场域”理论为基础进行大学生思想政治教育接受环境的研究，进而将大学生思想政治教育接受的场域环境分为宏观、中观、微观三个层次进行分析；在接受过程研究方面，分析文化资本的符号弱势，研究思想政治教育接受过程的分类指导，从经济困难大学生群体、女大学生群体、大学生职业观教育等方面进行拓展研究，丰富思想政治教育接受研究的理论成果；在接受效果研究方面，以文化资本分析中“惯习”理论为基础进行大学生思想政治教育接受效果的研究，分析思想政治教育如何实现潜移默化的教育目的，并考虑到大学生群体惯习合力的塑造，提高思想政治教育接受的亲和力。

三是在文化资本语境中思考思想政治教育接受的完善进路，借鉴传播学、社会学等分析方法，从信息媒介场域、文化符号互动、精神需求层次性以及文化资本的意识形态属性等方面进行进路分析。联系文化资本研究自身的学科交叉的特点，利用多学科研究方法进行大学生思想政治教育接受问题的研究。

四是选择权威数据资源（CGSS 数据库）的相关数据样本进行分析，构建计量模型，尝试用数量分析方法研究三种形态文化资本对于代表群体（青年群体）关键指标的影响，为大学生群体理论分析提供客观的数据支撑。社会学与思想政治教育在很大程度上有共同的研究对象和研究方法，将社会学调查中的公平感、信任感、幸福感、职业价值观、主流价值观一致度等指标与思想政治教育接受研究相结合，探寻这种研究方法对思想政治教育接受问题研究的借鉴价值。

第一章 思想政治教育接受问题和文化资本分析的基本概念与理论基础

满足受教育者精神发展的需要是思想政治教育发生的内在依据，人的精神需要可以分为基本需要、精神享受需要和精神发展需要三个层次，思想政治教育接受旨归即是满足人的精神需要最高层次的价值追求。文化知识和技术技能可以以资本形态呈现，这即是文化资本的形成，文化资本不同于人力资本、社会资本，但在一定条件下可以实现资本间的互相转换。作为文化资本分析核心概念的场域、惯习等继承和发展了马克思主义的相关理论，在延伸资本概念的同时，也拓展了马克思的实践观。场域和惯习理论把生产劳动的共时性与历时性结合起来，深化了资本理论向人的方向发展，并得以将文化资本的生成与积累、流动与转化和人的接受活动联结起来。

一、思想政治教育接受的理论基础

思想政治教育既是一种教育现象，也是一种文化现象，文化作为人类历史活动和认识活动的精神产品，只有通过传播尤其是接受，才能将意义变为可能。接受活动与精神的需要满足有着共同的目的指向和规律，通过实践活动可以不断释放思想政治教育接受的文化价值。

（一）思想政治教育与思想政治教育接受

思想政治教育是社会或社会组织用一定的思想观念、政治观点、道德规范，对其成员进行有明确目的、周密计划、规范组织的引导和教育，使他们形成符合一定社会或一定阶级所需要的品德和品行的多维度实践活动。思想政治教育接受是接受主体出于需要，在环境的作用和影响下通过某些中介对接受客体——信息进行反映、选择、整合、内化、外化、践行的多环节构成的、连续的、完整的活动过程。两者的区别首先体现在两者的主体不同，因此指向性也就不同。思想政治教育的主体是教育者，思想政治教育接受的主体是接受者，前者具有单向性的特征，后者具有多向性的特点。“接受”的内涵可以理解为“主体（即受教育者）在外界环境影响下，尤其是在教育的控制下，选择和择取思想教育信息的一种能动活动”[1]。接受活动实质上包括内化和外化两个阶段，内化即“内化于心”，是接受主体对客体承载的信息进行择取、解释、理解和整合的过程，外化即“外化于行”，是接受主体在内化基础之上的行为选择与表现过程。接受活动的这两个阶段并非孤立、割裂的两个过程，而是整体接受过程中的不同层面，二者交织在一起，相互联系、相互制约并相互转化。[2]思想政治教育的重要目标就是对受教育者品德的形塑，个体品德是在社会环境影响、教育引导控制和个人主观能动作用发挥三者共同作用的过程中逐步形成和发展起来的。[3]作为以精神形态与行为形态相统一而存在的品德修养和价值追求，对内而言是其惯习特性和层次搭建，对外而言是其存在形态和行为表达，是一个完善的形成机制，将社会要求自然地融入人们品德修养和价值追求的有机组成之中。在这一过程中，必然包含着一个中介转化层次，即思想政治教育接受活动。[4]思想政治教育的本质在一定意义上在于“接受”，在于唤起对象的主体性，促进对象实现自我教育。因此，失去对接受和自我教育考量的思想政治教育，便不是真正的思想政治教育，因为这样的缺失会造成思想政治教育过程的不完整，亦使思想政治教育的目标实现缺少实效向度的约

[1] 胡木贵，郑雪辉．接受学导论[M]．沈阳：辽宁教育出版社，1989：1.

[2] 王敏．思想政治教育接受论[M]．武汉：湖北人民出版社，2002：32.

[3] 邱柏生．思想教育接受学[M]．太原：山西人民出版社，1992：3.

[4] 王敏．思想政治教育接受论[M]．武汉：湖北人民出版社，2002：2.

束和评价。[1]需要注意的是，思想政治教育活动中的教育对象在接受教育者的影响作用时，不只是一个机械被动的"接收器"，更是一个能动参与的"接受者"[2]，能动性的实践活动贯穿于整个接受活动之中。教育者传递的教育信息被教育对象接受的信度和效度即接受与否以及接受多少，不仅取决于教育者的施教活动，更取决于受教育者的体验活动、学习活动、接受活动以及周边成员的辐射影响。

思想政治教育接受的最佳效果即接受内化为大学生自我教育的合动力，使接受活动形成良性且有效的循环。在思想政治教育的运行过程中，接受活动不是信息收集、知识获取、观念生成、信念确证等活动的机械重复和简单传递，其目标导向是要求教育者和受教育者自觉按照社会主导的价值体系进行文化选择和整合，过滤掉接受环境中与思想政治教育良性运行和接受相抵触的文化要素，同时注入积极的文化要素，以保证文化要素与思想政治教育互动中的正效用发挥，并最终形成具有主流价值导向的文化资本积累。[3]通过高校场域内文化资本的集聚效应，诸如群体文化活动、文化资源的筛选汇集、同辈及教师学长的文化辐射等，可以实现文化资本在大学生思想政治教育接受过程中的价值释放，最终形成学校场域内的价值认同。继而在场域空间中，将思想政治教育的接受在逻辑上的确信和实践上的确信统一起来，并在大学生日常生活中不断丰富和完善这种确信。

（二）接受与精神需要满足的合目的性和合规律性

人的创造劳动是社会生产力的源泉，而人的需要就是劳动创造活动的原始动因。当代社会整个人类的需要层次更迭，不断呈现出新特点且变化速度也在加快。这其中变化的动力既源自资本有机构成变化带来的结构调整需求，也源自社会生产力对劳动力能力素质的拓展需求。在物质基本

---

❶ 张耀灿．思想政治教育的特点和规律探析[J]．思想·理论·教育，2005(03)：4-10.

❷ 万美容．论思想政治教育方法的融合发展[J]．思想教育研究，2008(02)：9-12.

❸ 罗洪铁，周琪．文化环境：思想政治教育运行的新视界[J]．马克思主义研究，2007(03)：94-98.

需要得以满足后，人们对精神文化的需要越来越迫切，并且这些需要越来越趋于多元化。随着现代信息技术的突飞猛进，工具理性日益膨胀，对于物的依赖性支配日益强烈，人们对于资本的追逐仍然是重要的需求选择，占有的资本仍然是社会权力的根本代表。人本身发展过程中的独立性面临弱化的风险，有可能异化为“单向度的人”，需要文化层面的约束和规范，在满足人的精神需求的同时，尤为需要关注人的价值实现和人生意义的追寻。满足受教育者精神发展需要是思想政治教育发生的内在依据之一，[1]也是思想政治教育接受的目的所在。马克思在探讨人的内在本性时指出，“各个人过去和现在始终是从自己出发的”[2]，“由于他们的需要即他们的本性，以及他们求得满足的方式，把他们联系起来，所以他们必然要发生相互关系”[3]。在马克思看来，人的需要源自个体为了满足自身的生存和发展。尽管马克思没有对人的需要层次做出直接且明确分类，但其在诸多经典著作中多次论述了人的需要思想，并强调了人只有在维持其肉体存在的条件下，才能成为社会存在体，即人的需要可以归结为“肉体存在的需要”和“社会存在的需要”[4]。“人的需要即人的本质”，精神属性是人作为社会存在物的重要组成，并构成了个体不断提升自我、积累自身发展资源的源动力，因此精神需要亦是人的基本需要构成。总的说来，马克思是站在物质生产和现实存在的基础上认识精神生产的，为人类的存在与发展寻求现实的依托以及实践的方向。总结马克思的相关论述，人的精神需要可以从基本需要、精神享受和精神发展三个层次展开分析，思想政治教育接受旨归即是满足人的精神需要的最高层次的价值追求。

1. 人的精神基本需要

人的需要首先体现为人的生存需要，生存的本能贯穿于人的发展过程之中，是“需要的社会体系”之基础，亦是整个人类发展“需要的历史序列”

---

[1] 倪愫襄．思想政治教育元问题研究[M]．北京：中国社会科学出版社，2014：81.

[2] 马克思恩格斯文集：第1卷[M]．北京：人民出版社，2009：587.

[3] 马克思恩格斯全集：第3卷[M]．北京：人民出版社，1960：514.

[4] 郑忆石．社会发展动力论[M]．重庆：重庆出版社，2012：364.

之前提，是人的“劳动体系”形成的初始动因。在《资本论》中马克思引用了尼古拉斯·巴尔本《新币轻铸论。答洛克先生关于提高货币价值的意见》：“欲望包含着需要；这是精神的食欲，就像肉体的饥饿那样自然……大部分（物）具有价值，是因为它们满足精神的需要”❶，意指人们日常所需的食物可以解读为依托于本身的属性以满足人的基本需要，这类需要归结于人的“精神的食欲”，是在个体主观表达的基础上传递信号给生理器官（胃）并刺激感知器官（大脑）而产生。人在需要选择摄入食物或者使用某种商品时，是根据喜好倾向、消费能力、获取难易程度等综合考量而采取行动的，并不仅仅如动物接受刺激后的本能反应。马克思注意到人的本能诉求包括基本的精神需要，为满足需要而进行的精神生活，其基本结构受到诸多条件的影响，如先天的智力支持、后天的教育养成等，综合个体、家庭、学校、社会环境各方面的考量。马克思进而以工人阶级的精神活动为研究视域，具体罗列了工人较高层次的精神活动，包括“工人参与更高一些的享受，以及参与精神享受……订阅报纸，听讲演，教育子女，发展爱好等等”❷。人的精神基本需要涉及众多基础性需要，诸如接受教育、个体情感交流、群体社会交往、成员间彼此尊重等需要。马克思曾对精神基本需要中“精神交往”思想进行过详细且精辟的阐述，认为精神交往与物质交往彼此相融合，“思想、观念、意识的生产最初是直接与人们的物质活动，与人们的物质交往，与现实生活的语言交织在一起的”，并以物质交往为基础产生出精神层面的需求，而更高层次的精神交往也以此为开端不断深化，即“人们的想象、思维、精神交往在这里还是人们物质行动的直接产物”，“人们是自己的观念、思想等等的生产者”，“他们受自己的生产力和与之相适应的交往的一定发展——直到交往的最遥远的形态——所制约”。❸

❶ 马克思恩格斯文集：第5卷［M］．北京：人民出版社，2009：47-48.

❷ 马克思恩格斯全集：第46卷上［M］．北京：人民出版社，1979：246.

❸ 马克思恩格斯文集：第1卷［M］．北京：人民出版社，2009：524-525.

2. 人的精神享受需要

人的精神享受需要是在满足基础需要的基础上对文化知识、艺术熏陶、休闲娱乐等方面的需要。

随着社会物质财富的剧增和民众基本物质生活需求的普遍满足，民众获得尊重、认知、审美等精神需要、精神享受的愿望更为迫切和强烈。马克思分别从实践和精神的视角对“二重化”进行了理论表达——“劳动的对象是人类的生活的对象化：人不仅像在意识中那样在精神上使自己二重化，而且能动地、现实地使自己二重化”[1]。着眼于实践层面的二重化，是在改造世界的实践活动中将客观世界“表现为他的作品和他的现实”，精神需要是以实践为中介生成或建构的动态关系；着眼于精神层面的二重化，在改造世界的劳动中一方面遵从自己的意志从事着实践活动，另一方面也在对象世界留下主观意志的存在印证，自此人的精神世界现实地体现在客观世界中，即人可以“在他所创造的世界中直观自身”“构成生活享受的最内在核心”[2]。马克思在《1844年经济学哲学手稿》中还以美学视野对以艺术为代表的文艺生产进行了哲学层面及政治经济学层面的表达，深刻阐释了文化生产理论。劳动者在劳动中以体验自身本质力量“乐趣”的方式满足着精神享受需要，“人在其所创造的世界中关照自己”和“欣赏自己”，这种“乐趣”和“欣赏”就是美感；[3]而通过满足需要的劳动，一部分“乐趣”和“欣赏”以文化产品的方式保留下来，形成可代际传递和延续的文化资本。马克思在“自由时间（Free Time）”理论中体现了以休闲娱乐方式满足精神享受需求的思想，马克思将时间称作“人的积极存在，它不仅是人的生命的尺度，而且是人的发展的空间”[4]，他认为休闲是用于娱乐和休息的余暇时间和通过发展智力在精神上掌握自由的时间。可以说，休闲给予人的精神满足以更多的自主权。

---

[1] 马克思恩格斯文集：第1卷[M]. 北京：人民出版社，2009：163.

[2] 马克思恩格斯全集：第41卷[M]. 北京：人民出版社，1982：305.

[3] 寇鹏程. 文艺美学[M]. 上海：上海远东出版社，2007：50.

[4] 马克思恩格斯全集：第47卷[M]. 北京：人民出版社，1979：532.

3. 人的精神发展需要

个体的精神需要以一定的社会条件为基础，随着需要的不断满足会产生超越该社会条件所能承载满足度的更高的需要。

十九大报告对于我国社会主要矛盾做出了全新判断，即人民需要的转变，从“物质文化需要”到“美好生活需要”的转换。“美好”即是精神发展需要的指向，“美好生活”涵盖了物质条件的改善以及精神需求尤其是精神发展需要的满足。物质生活和精神生活是人类生活的两个基本层面，人的全面发展亦是围绕二者展开的：一是物质条件的不断改善，物质生活获得全面发展；二是人的精神属性不断彰显、精神生活不断丰富。

精神活动是个体开发智力、活跃思维从而实现其更高程度发展的必要方式，失去精神追求对个体系统的支撑，忽视精神需要是否得以满足，人的全面发展便沦落为“不全面的发展”。精神发展需要包括文化创造、个性发展、精神信仰等需要，以信仰追求作为现实旨归。人的全面发展是人的个性的全面发展，马克思主要在三层意义上使用“个性”概念，即作为主体性的个性、社会性的个性和个体的个性。

论及人的发展，马克思将发展过程分为三个阶段，分别是“人的依赖关系”阶段、“以物的依赖性为基础的人的独立性”阶段以及“建立在个人全面发展和他们共同的、社会的生产能力成为从属于他们的社会财富这一基础上的自由个性”[1]阶段。人类要想获得更多的自由、全面的发展，想要满足精神发展的需要，就必须重视先进文化为个体发展、社会发展提供基础保障的作用，人们总是潜移默化地从主流文化中吸收着满足精神发展需要的养分，可以说“文化上的每一个进步，都是迈向自由的一步”[2]，都是迈向全面发展的一步。

---

[1] 马克思恩格斯文集：第8卷[M]. 北京：人民出版社，2009：52.

[2] 马克思恩格斯文集：第9卷[M]. 北京：人民出版社，2009：120.

(三)思想政治教育接受的文化价值

思想政治教育的内涵“既是现代的反映,又是社会遗产的积累,是历史与现实的共同体”[1],因此作为历史与现代积淀的文化资本与大学生思想政治教育必然会产生深刻的关联。

思想政治教育的文化价值是指,“思想政治教育具有文化选择价值、文化传承与变异价值、文化渗透与创造价值”[2]。文化作为人类历史活动和认识活动的精神产品,只有通过人际传播尤其是接受,才能得以将意义变为可能,与此同时,人类社会的成员无可避免地通过接受某种知识体系和思想观念,与现有体系达成共识,更新已有的积累,形成新的文化积淀。在这样的基础之上,才能进行个体重新体验世界、解释世界和改造世界的活动,形成自身更为稳定的价值体系。可以说,文化有资本形态的呈现,而思想政治教育亦有经济价值的考量,而经济活动本身蕴含着深刻且丰富的思想政治教育接受理论。

思想政治教育既是一种教育现象,也是一种文化现象,文化是人类在从事生产劳动的过程中创造的,教育是伴随着初始文化产生之后,满足人类自身发展需要的一种与文化联系密切的实践活动,即“自有人生,便有教育”[3]。个体适应社会并在社会的发展中实现个体的发展需要文化的滋润,而文化需要教育的支持实现传承与发展。通过思想政治教育使教育对象接受主流价值观教育,在文化认同—文化自信—文化确信的成长路径中,获得与社会生活需求相匹配的知识和技能,由生物学意义的个体转变为文化意义上的社会成员。[4]

身处更广阔的意义空间,文化与思想政治教育处于更为频繁的互动关系之中。场域作为意义空间里一种无形的整合力量,把个体、群体以及社

---

[1] 郑永廷. 现代思想道德教育理论与方法[M]. 广州:广东高等教育出版社,2000:8.

[2] 张耀灿,等. 思想政治教育学前沿[M]. 北京:人民出版社,2006:85.

[3] 中央教育科学研究所,厦门大学. 杨贤江教育文集[M]. 北京:教育科学出版社,1982:312.

[4] 刘怀玉. 大学生思想政治教育文化亲和力初探[J]. 思想政治教育研究,2008(06):82-85.

会组织集聚于存在复杂关系结构的母体之内，并且遵循着相似的运动轨迹。[1]原先不假思索便接受的事物，重新以一种新的形态出现在空间之中，场域空间之大赋予思想政治教育接受无限可能性，文化与思想政治教育接受之间的影响是双向的。

随着全球化的进程，由于面临着文化创新的新机遇，各个国家越来越重视回到文化创建的源头，在那里探寻人类文化积累的最原始的经验和秘密，文化传统成为文化资本的核心价值所在。一个社会所接受的任何表达手段，其原则上都是以集体惯习，或者说是以约定俗成的认同为基础的。文化的意义在于它不仅通过物化形态的外在形式（如工具、服饰、建筑、器物等）体现出来，而且更重要的是通过对人类意识层面的潜移默化作用以影响、改变乃至支配他们审事观物视角和行为模式等内在形式体现出来。传统是社会、民族或地域文化的“遗传密码”，它在发生阶段上是人类互动选择的结果。但当传递形成以后，身处传统场域中行动者的选择自主性就会受到消减，传统成了一种约定俗成的默认存在，成为每一个行动者熟识的惯习并受其支配的力量。传统通过文化资本的形式保存下来，成为一种现实鲜活的力量，约束着人们的行为，而人亦在行动实践中在一定场域范围内重塑或扬弃传统。文化传统会通过各种独特的社会生活形态和传播媒介方式（如有意义的符号语言、教育表达、家风习俗、榜样典型激励等）对身处其中的人们的意识、认知不断地进行着潜移默化的加工、调整和再现，将“遗传密码”悄悄置入他们意识形态结构的深处，构成他们审事观物的独特角度，即形成根植于人们内心之中的“传统文化视野”，成为人们认识世界、解释世界活动的重要影响因素。

对大学生群体进行思想政治教育，必然离不开中国文化传统的大环境。譬如，厚德载物作为中华优秀传统文化的一种基本人文精神，是我们中华民族的传统美德，在进行思想政治教育时，应该实现这种传统文化精华与时代需求的有机融合，把厚德载物的文化传统融入思想政治教育之中，使

[1] 斯沃茨．文化与权力：布尔迪厄的社会学[M]．陶东风，译．上海：上海译文出版社，2006：41-42.

其成为每个受教育者都应该具有的一种内在精神追求和价值取向。[1]

二、文化资本的基本概念及其与马克思主义相关理论的关联

文化资本的概念界定最初缘起于布迪厄的相关研究，是对资本的认识不断深化的结果。场域、惯习等是文化资本理论的核心概念，且文化资本理论体系的形成深受马克思相关理论的影响。从资本角度对文化概念进行的重新审视，可以为当前大学生思想政治教育接受问题研究提供新的理论研究视角。

（一）文化资本的产生与内涵

1. 文化资本的产生

马克思的资本理论主要是以社会关系为中心进行研究的，其虽然以这样的认识思路展开对于资本的深入分析，但并不否认资本依附于一定载体的认识，货币、生产资料及商品都是资本的存在形式或载体。马克思构筑了科学完整的资本理论体系，由于社会经济的发展，资本的形态由传统的单一的货币资本、实物资本发展到现代社会的多种资本形态，布迪厄没有拘泥于简单的经济关系以及与之相联系的经济资本，而是对马克思的资本概念进行了非经济学的解读，其扩大了资本的概念，在一定意义上强调个人在成长过程中由家庭、学校、社会共同作用和影响所形成的文化资本及其所蕴含的社会意义。单单从“经济资本”这一概念出发，马克思主义就提出了关于现代社会、现代社会动力学以及现代社会所包含的各种矛盾，与这样的马克思主义不同，布迪厄指出了另一种因素的存在——在这一方面，他赋予了该因素以相同的认识论意义——文化资本。[2]文化资本概念

[1] 徐国亮，王景仪. 新时期思想政治教育发展特点研究[J]. 理论学刊，2011(4)：89-92.

[2] 比岱，库维拉基斯. 当代马克思辞典[M]. 北京：社会科学文献出版社，2011：445-446.

中的文化是较为宽泛的概念内涵，不仅指一系列客观社会规则机制，物化为制度、仪式的区隔体系，还包括人们和他们的物质环境之间历史形成的交往互动，以及被惯习内化为身体经验的价值和标准。[1]布迪厄在更为宽泛的意义上使用了马克思定义的术语："资本"指的是每个场域所特有的"资源"，人们所拥有的更多呈现出一种"符号资本"。布迪厄认为，在现代社会中，每个场域都有自己关于优秀的标准，这种标准内在于其自身的理性，而且规定了某个特殊的"资本"。布迪厄指出，"资本是积累的劳动，是一种镶嵌在客体或主体的结构当中的力量，也是一种强调社会界内的规律的原则。"[2]布迪厄进而把资本归结为三种基本的形式：经济资本（economic capital）、社会资本（social capital）和文化资本（cultural capital）。

2. 文化资本的内涵

文化资本理论认为，文化资本是以三种形式存在的：(1)具体的状态，以精神和身体的持久"性情"的形式；(2)客观的状态，以文化商品的形式（图片、书籍、词典、工具、机器等），这些商品是理论留下的痕迹或理论的具体显现，或是对这些理论、问题的批判等；(3)体制的状态，以一种客观化的形式，这一形式必须被区别对待（就像我们在教育资格中观察到的那样），因为这种形式赋予文化资本一种完全原始性的财产，而文化资本正是受到了这笔财产的庇护。[3]后续学者对于文化资本的研究有相当部分是从文化资本的内涵和概念入手，尝试对文化资本做出较为全面的阐述，具体概念界定的观点见表1-1，国内学者在总结中，一致认为文化资本是指通过世代传承而积累的性情禀性、文化知识以及技术技能，包括个体的行为倾向、语言表达能力，以及对音乐、图书等艺术作品的品位，它以教育证书的形式被

---

[1] 张意．文化与符号权力——布尔迪厄的文化社会学导论［M］．北京：中国社会科学出版社，2005：14.

[2] 薛晓源，曹荣湘．全球化与文化资本［M］．北京：社会科学文献出版社，2005：2-3.

[3] 布尔迪厄．文化资本与社会炼金术——布尔迪厄访谈录［M］．包亚明，译．上海：上海人民出版社，1997：192-193.

制度化,属于隐性的资本。❶

表1-1 不同学者对文化资本的概念界定

适用学科	文化资本概念定义	作者
教育学	世代相传的文化背景、知识、性情倾向与技能,一种属于文化正统的趣味、消费方式、社会属性、技能和判断的价值形式	皮埃尔·布迪厄
社会学	在教育上的投资不仅仅是一种消费品,还有某些东西被遗留下来,并随后产生源源不绝的收入,即文化资本	艾尔文·古德纳
	在社会资本概念中内隐文化资本的概念:强调社会文化因素对经济发展的重要性,建立在宗教、传统、历史习惯等文化机制之上的诚信构成一个国家的社会资本。其将历史与文化注入社会资本的研究中,为社会资本理论的研究提供了新的视角	弗朗西斯·福山
	即非正式的人际技术、习惯、态度、语言、风格、教育程度、格调与生活方式	乔纳森·特纳
经济学	文化资本是以财富的形式(包括有形和无形)具体表现出来的文化价值的积累,进而其研究了文化资本的动态积累	思罗斯比
哲学	具有文化价值的东西,不是离开现实的实际存在而独立自在,而是每次被现实的实际存在态所“担负”着,以“财产”的形式而存在。这个“财产”,也就是“文化财产”,可以说正是“一个感性的、超感性的东西”	广松涉

文化资本需要依托特定的社会空间而存在,它是行动者对空间中一定

❶ 徐祥运,等.论布迪厄教育社会学思想的理论渊源及理论框架[J].辽宁师范大学学报(社会科学版),2014(6):807-816.

类型和数量的文化资源的排他性占有。一部分文化资源(这其中包含着物化资源和精神资源两种形态)在一定的社会历史条件下,是可以成为稀缺资源的,成为不同社会主体和社会阶级的争夺对象,占有这类资源可以获取一定物质的和象征的增殖效果,基于此种情况的资源流动,这部分的文化资源逐渐向资本的形态转化,最终得以形成文化资本。

文化资本的形成是一个历时性和共时性交织的过程,在不同的文化共同体和历史阶段之中,资本构成的比重必然存在差异。现代社会中越来越多的信息化要素融入文化资本中,信息技术的深化加快了文化资本的流动,在其影响力的释放中,不仅可以给行动者提供知识储备及行动实践的信息,更重要的是,以实物、能力、制度证书等多种形态呈现的文化资本是具体与抽象交织的产物,可以通过代际传递的方式得以留存。

文化资本是一种与社会各种机制共谋的、并藉由这些社会机制(如教育场域的运作)来合法化其自身的资本形式。文化资本展现的是能够“辨识”出特殊符码意义并指导实践活动的一种“知觉和评价模式系统”,“它以有意识及无意识的方式发挥作用。”[1]当人们借由这种特殊辨识系统(实质是惯习的形成)的导向作用,开始着力培养自己以及下一代与系统的契合度。这种特殊的辨识系统逐渐形成了一种文化意义上的资本存在,可以供行动者在复杂符号世界中流通和交流。

3. 文化资本与人力资本、社会资本的区分

场域之中的社会行动者所掌握的文化资本的容量取决于他所在的社会网络中的每个成员所持有的各种资本(经济资本、社会资本或象征性资本)的总容量。不同资本在一定条件下可以相互转换,场域空间内“不同类型资本的集中(这一过程与其他相应的场域的建构是相平行进行的),实际上导致一种特殊资本,即严格意义的国家资本的出现”[2],凭借这种资本,国家

---

[1] BOURDIEU P. La Distinction: Critique Sociale Du Jugement [M]. Paris: Les Editions de Minuit, 1979:10.

[2] 高宣扬. 当代法国思想五十年[M]. 北京:中国人民大学出版社,2005:524-525.

通过“元资本”决定着场域空间中不同形态资本的价值含量和彼此转换的“兑换率”，确定各类资本的相互位置关系，实施国家层面的管制和协调。根据文化资本的内涵，需要将其与人力资本、社会资本作一个简单区分。

(1)文化资本与人力资本。

最早提出“人力资本”一词的美国经济学家、诺贝尔经济学奖获得者舒尔茨将其概括为五方面，包括：医疗和保健、在职人员训练、学校教育、学习项目、迁移活动；明确定义“人力资本”概念的美国经济学家贝克尔则认为，对于人力的投资是多方面的，其中主要是教育支出、保健支出、劳动力国内流动的支出或用于移民入境的支出等形成的人力资本，其中教育方面的人力资本投资是最为重要的。文化资本的分类里面，第一层次的文化资本(即具体化的文化资本)研究聚焦于文化资本与个体发展，认为文化资本可以为资本拥有者“提供物质利益和符号利益方面的庇护：任何特定的文化能力都会依靠它在文化资本的分布中所在的位置，获得一种超常的价值，并给它的拥有者带来可见的利益”[1]。在这一角度上文化资本与人力资本有很大的契合度。但应该将布迪厄的文化资本概念与贝克尔(G. Becker)的“人力资本”概念区别开来，与人力资本理论研究学者不同，布迪厄集中关注的是各种类型的资本的意义与用途的以阶级为基础的变化，他把分析的焦点从个体的或全球社会的生产力的恢复，转向文化投资对社会阶级结构维持的影响，对不能用经济术语进行阐释的文化社会化以及文化传递的微观层面尤为重要。

(2)文化资本与社会资本。

社会资本也是由布迪厄首先提出的，1980年他在《社会科学研究》杂志刊发了题为“社会资本随笔”的短文，明确提出社会资本即为“实际或潜在的资源积累，这些资源与由相互默认且熟识的或多或少制度化的关系所组成的持久网络有关。”继而1988年詹姆斯·科尔曼深化和系统化社会资本的

[1] 薛晓源，曹荣湘．文化资本、文化产品与文化制度——布迪厄之后的文化资本理论[J]．马克思主义与现实，2004(1)：43-49.

概念，阐述了社会资本在人力资本创造中的作用。20世纪90年代，美国哈佛大学教授罗伯特·普特南对社会资本研究的一系列成果使这一概念引起广泛关注。普特南认为，"社会资本是指社会组织的特征，诸如信任、规范以及网络。"[1]社会资本是个体在社会空间展开网络联结的一种方式和手段，文化资本是个体融入社会空间的一种"修炼"和拓展，它们为社会成员间的联系提供了经济资本以外的可能。布迪厄对于资本类型的划分，可以为文化资本与社会资本的区分提供思路。文化资本在理论体系构造的过程中，已经将经济、社会等因素纳入并加以统一考虑。这种考虑方式事实上就意味着，文化资本已包涵着经济资本的存在，而文化资本与经济资本以及其他资本之间的转化是可能也是必要的。结合中国语境分析，置于同一社会网络之中的文化资本和社会资本，在家庭教育、学校教育、社会教育的共同作用下，个体（即行动者）形成了文化资本积累中的稳定的性情系统，并在潜移默化之中对相同的文化符号识别、认知乃至认同，因此行动者之间自觉联结成群，形成共识、共享的社会网络，即社会资本。文化认同加强了场域中行动者的信任，而通过行动者之间制度化的规范和共识，又深刻印证着这种文化认同。在当前中国社会系统中，在文化资本和社会资本的互动、转化中保持适当的张力，有助于和谐、稳定社会环境的形成。

（二）文化资本的核心概念释义

文化资本理论体系的建构过程，其理论和方法是相互关联的，"场域""惯习""符号""行动者""游戏感"等概念贯穿其中，形成了文化资本分析的独特语言体系。

---

[1] 帕特南．使民主运转起来——现代意大利的公民传统[M]．王列，赖海榕，译．南昌：江西人民出版社，2001：195.

1. 场域的概念

文化资本分析中提出了“场域”(Field)的概念[1],认为“只有在一个场域的关系中,一种资本才得以存在并且发挥作用”,进而文化资本得以有三种形式资本形态的呈现。场域的研究是以“关系分析”的方法对身处其中的行动者进行研究,这其中有社会地位影响的分析,亦有对行动者场域占位的多维空间分析,并结合资本的结构配比及可转换性进行聚焦。可以说对不同类型资本尤其是文化资本作用力的关注是场域研究的重点。需要注意的是,“行动”一词经常出现于文化资本的场域理论中,场域之中的个体经常被冠之以“行动者”的称谓。对“行动”与“行为”的区分可以参考高国希的界定,他认为,“行动”不同于“行为”,受教育者可以有“无意识行为”,但不会有“无意识行动”[2]。从思想政治教育的研究视角而言,用“行动”更贴切。由此,场域的“行动者”概念与思想政治教育接受的“行动”研究是相契合的。社会关系网络是场域研究的最基本要素,它是由获得不同社会地位(即在场域不同位置)的行动者所组成的多元社会结构。在受教育者社会化的进程中,多元社会结构深受行动者所持有的资本数量和类型、由资本结构所决定的权力大小、惯习影响下的行动者精神面貌呈现、各种象征性符号系统所表现出来的文化因素等方面的影响,并在实践活动中将时间性因素融入其中,通过过去和未来传递和扩大着这样的影响。具体分析“场域”概念,其可以分为以下几层含义:

首先,场域是结构和规则形构的空间系统。“场没有组成部分”[3],场域空间虽然是潜在、开放的空间,但其存在边界,“其界线是一种动态的边界,

---

[1] 场域的概念并非布迪厄首次提出的新概念,梅洛-庞蒂在《辩证法的历险》中就使用过“场域”概念,将场域概念系统化的是布迪厄,他在1966年的著作《论知识分子场及其创造性规划》中最初使用这一术语,但是直到20世纪70至90年代,“场域”概念才在其后续著作中不断发展,且重要性逐渐超过了惯习等概念。

[2] 高国希. 论思想政治教育的目标与途径[J]. 思想理论教育,2008(11):4-9.

[3] 布尔迪厄. 文化资本与社会炼金术——布尔迪厄访谈录[M]. 包亚明,译. 上海:上海人民出版社,1997:149.

与场的内部斗争的利害密切相关”❶。行动者出于特定的利益或目的指向聚合在一起，为了争夺场域内的支配权（或者说资本支配权）而发生直接和间接的互动。可以说，每个场域都是以某一目的导向为特征的存在，行动者以目的实现为导向进行场域内个体的资本配置，即为投资行为。

其次，场域是以游戏感为表述的实践活动。“游戏感”是文化资本分析中经常出现的用语，它是实践感最具示范性的表现，是场域空间客观结构的产物，它使“游戏”一词首先获得主观的意义，即具有一个方向、一种倾向以及一种规则，成为一个实践意味指向的概念。游戏感引导着行动者的投入、兴趣以及“对游戏的预设的信从即信念”❷。另外，游戏还具有客观的意义，场域结构由特殊规则组成，对这些规则进行实践活动，可以由此生成指向未来的可能意义，即可能意义的导向性作用是场域内实践活动的缘起。形形色色的场域是在历时性和共时性交织下以自主化的过程逐渐形成的。游戏感并非场域中刻意营造的自为存在，而是“生于游戏，随游戏而生”的无意识存在。❸

再次，场域是由资本配置所影响的权力束。场域和资本是相互制约的。场域是一种客观关系的表现，拥有不同资本类型组合的行动者借由相互关系交互进行的场域位置选择实现了这种关系的搭建。场域的位置是由空间内活跃的资本以特殊形式实现的分布结构建构来划定的，行动者在社会空间内位置的分配是基于两个参考条件得以实施：一是行动者持有的资本总量；二是行动者的资本类型占比。资本的生成和流动可以生成控制场域的权力，继而在生产与再生产的转化中实现了场域结构的完善。资本生产着一种规制力，得以整合场域规则，形成有规律性的控制力。行动者拥有的资本数量和资本类型分布特征可以反映出其在社会空间的成长轨迹，特别是在文化资本与其他类型资本间的流动和转换中，将作用力从场

❶ 布尔迪厄．文化资本与社会炼金术——布尔迪厄访谈录[M]．包亚明，译．上海：上海人民出版社，1997：159.

❷ 布迪厄．实践感[M]．蒋梓骅，译．南京：译林出版社，2003：101.

❸ 布迪厄．实践感[M]．蒋梓骅，译．南京：译林出版社，2003：102-103.

域内带到场域间，促使不同场域之间产生彼此关系交互的可能，因此场域并非是固化的，它具有相对稳定性。构成不同场域的资本，按照特定的兑换率始终处在不停地流动和交换过程之中。在不同资本之间进行的这种流动和交换，推动建构起不同场域的异构性特征，并以不同的运作逻辑各自拓展着场域的边界。

2. 惯习的概念

文化资本分析中提出了“惯习”(Habitus)[1]的概念，惯习首先是一套被社会历史约束和建构的系统，另一方面它也是以生成性和创造性为特点的一种性情系统。

“惯习是含混与模糊的同义词”[2]，作为一种自发的生成，它是在变化的环境中面对临时境遇所作出的回应，其所遵循的实践逻辑虽然没有给出明确的阐释，但却依然可以帮助行动者确定与世界的联系。

惯习的概念不仅已经在行动者内心深处形成内在化的主观心理状态，而且还积累着行动者的历史经验，凝聚着社会和历史发展的轨迹，继而向客观世界外在化地生成原则。惯习结合了“两种看来相互对立的力量和因素”，将物质性与精神性、主体性与客观性、外在与内在、静态与动态、历史与现实、实然与应然等各种因素和力量，在惯习及其运作的结构中，渗透到一个完整的结构之中。[3]惯习作用的发挥往往是在潜移默化中实现的，且不以人的意志为转移。惯习之所以能产生一定的持久效果，是因为它具有无限的生成能力，并在场域中将行动者的思维认知、感受体验、语言创作、行动规范等联结起来。然而必须要承认，这些生成和联结总是受到所处的历史和社会条件的限制。惯习是历史的产物，遵循历史发展的轨迹，进行着个体和组织的实践创造活动，并形成深刻的集体记忆。借由集体记忆，惯习可以使过去的经验实现恰当的在场，并以多种形态印记在行动者身

---

❶ 布迪厄社会学理论的研究学者高宣扬教授一直将“惯习”一词译为“生存心态”。

❷ 布尔迪厄.科学的社会用途：写给科学场的临床社会学[M].刘成富，张艳，译.南京：南京大学出版社，2005：19.

❸ 高宣扬.论布尔迪厄的“生存心态”概念[J].云南大学学报（社会科学版），2008(03)：8-15.

上,实现其行为模式的合拍性。惯习的形成和发展是将人们置于生活空间的某种特定文化或亚文化语境中进行的知识资源获取以及精神文化需求满足。

因此,惯习是一种认知和激励机制,可以将个体接受到的社会环境影响内化于个体的成长过程中。同时,惯习也提供了这样一种媒介,通过它将所需的信息和资源输送到其被告知的行动中。惯习的存在将文化资本聚集起来,利用场域的空间作用力,形塑为个体的素质以及整体的文化惯习,成为融入现代社会规范的重要依托。具体分析惯习概念,可以分为以下几层含义:

首先,惯习是历史的产物。惯习存在于行动者的历史经验中,并被内化为一种心态性情系统,它与行动者已存在的社会历史条件、生活环境、成长历程以及所经历过的心理状态紧密相关,是个体历史经验的结晶,即惯习具有历时性的特点。惯习与历史之间的关系是双向存在的,一方面,惯习是历史活动的产物,是行动者思想成长历程和精神生活内在发展的经验凝缩;另一方面,惯习在记录、凝练和内化历史的同时,也呈现了外化及重新梳理、建构历史经验的潜能。换句话说,惯习在建构历史的同时也反映着历史。作为历史经验的累积,惯习的形成和发展历程始终有实践活动相伴,实践活动积极地发挥着能动作用。由此,对于惯习的历时性特点的研究具有现实意义。

其次,惯习表现为当下的实然状态。惯习把时间的轨迹融入现实生活中,深刻影响着行为的模式和沟通的语言。惯习将行动者所经历的经验和事件收集、凝练并加以记录,把客观的历史在场域中内化,继而再通过实践活动将历史外化地呈现出来。简言之,惯习联结着历史与现实。通过具体的实践活动,惯习记录着历史,呈现着历史,历时性的活动在惯习的存在中使用共同认可的某种符码进行着生成—解读—再生成的传递,完成它与目前实然状态的交叉转换。因此,在行动者的行动模式或者行为偏好中,或多或少都会有历史的印记。通过惯习,历史已然渗透到行动者活动的点点滴滴之中，而行为模式本身，反映着历史经验，并对经验的原有印记进行了适当的更新，以便使历史经验与当下的实然状态更为契合，使其在新的实践中再现出来并继续得以重视。惯习是一个动态的要素，它在行动者的实践活动中形成，并具有相对稳定性和可建构性功能，它存在于行动者的精神生活和社会行动中，是鲜活历史经验的展现。因此，惯习也成为场域中的行动者与其历史之间交互的中介渠道，实现着历史、现在和未来的互动，即行动者依靠惯习的力量将历史带入现实并推向未来。

最后，惯习还指向行动者的未来。惯习对于行动者场域内的活动提供指导。惯习作为历史经验累积而形成的意识结构，影响着实践行动的方向以及行动者的行为模式、生活方式甚至价值选择。由于惯习在一定程度上深刻影响着行动的方向，因此，其可以作为对行动者各种行为进行解读的一种分析方法进行研究。形成惯习的历史经验越丰富，则惯习可以集聚的资源以及利用这些资源形成的对“自我”和“他者”的解释能力就越强，由此所实施的行动也愈发理所当然。惯习的联结作用可以说它既是过去与现在相联系的纽带，亦是现在与未来相联系的纽带，同时它还是个体与前辈、同辈以及后辈对话的中介，是代际传递的推动力量。尽管历史已经过去，但它的影子依然存在，个体或群体的惯习结构以及在场的实践便是历史经验“存档”的印证。通过对惯习的分析，可以追溯行动者行动的缘起（历史），亦可预判行动者行动的指向（未来）。惯习已成为人类社会行为、生存方式、生活方式、行为规则和策略等实际表现及其精神需求的来源，它是个体特别是教育对象在精神生活和社会行动中所展现的鲜活历史，是在现实中的行动历史。历史的联结意味着在惯习中以符码的生成—解读—再生成程序完成它与当前行动条件的纵横交错。因此，人们的行动和行动方式或多或少都会伴随着印有行动者经历的痕迹，并具有创造现实和指向未来的强大实践能力。

3．场域、惯习与文化资本的统一

有理由认为，场域、惯习和资本的理论构建是继承和发展了马克思主义的相关理论。当代社会结构是由数个交错的场域构成，场域之间既保持了一定的区隔，又在实践的中介作用下相互交织和相互转换。文化资本与惯习和场域之间存在着双向互构关系。在研究文化的时候，文化资本理论拓展出了一种关于实践与象征符号互动的政治经济学。通过把经济利益的概念延伸到文化领域，重新阐释了社会生活的符号象征与物质形态的关系，进而把文化解释成具有特殊积累规则、交换规则和运行规则的资本形式。[1]首先，对于惯习与场域的关系而言，场域形塑着惯习，也制约着惯习，惯习对场域有认知的建构关系，场域是一个被赋予了价值和利益，值得行动者去投入的社会世界。其次，对于文化资本与场域的关系而言，两者之间是相依共存。"资本"作用的发挥离不开"场域"，只有在特定场域的关系中，资本才得以存在并且发挥作用，资本的价值取决于它所在的场域，资本既是场域空间内竞争的目标指向，也是竞争得以开展的条件保障。场域空间中的不同类型资本组合是行动者社会背景的凝缩，场域总体资本的结构决定着场域的结构，行动者拥有的资本数量和结构决定着其在场域空间的位置。可以说，资本的存在构成了场域的意义空间。再次，对于文化资本与惯习的关系而言，惯习取决于场域中行动者拥有的资本，与此同时，惯习也影响着场域中行动者使用资本的策略，推动着拥有一定数量资本的行动者采取某种特定策略，积极参与场域的博弈或远离博弈。

（三）与马克思主义相关理论的关联

1. 资本概念的扩展与延伸

文化资本的概念构建是从扩展的文化视角进行研究的，参照胡海波等对文化层次的界定，广义文化一般包括三个层次：物质文化、制度文化和精神文化或观念文化。[2]

马克思指出，资本家占有的剩余劳动"一方面是社会的自由时间的基

[1] 斯沃茨．文化与权力：布尔迪厄的社会学[M]．陶东风，译．上海：上海译文出版社，2006：9-10.

[2] 胡海波，郭凤志．马克思恩格斯文化观研究[M]．北京：中国书籍出版社，2013：16-19.

础，从而另一方面是整个社会发展和全部文化的物质基础。正是因为资本强迫社会的相当一部分人从事这种超过他们的直接需要的劳动，所以资本创造文化，执行一定的历史的社会的职能”[1]。可以说，文化资本分析具有强烈的批判精神，这种批判精神实质上是对西方马克思主义批判传统的继承和延续，无论是从“惯习”“场域”和“符号”的核心概念分析，还是对具体场域（如教育场域）中的文化资本功能分析，都可以清晰地找到文化资本分析所反映出的现实主义的唯物立场。[2]

对于文化资本理论而言，从其理论提出者布迪厄本人的分析方法借鉴来看，首先，他吸取了涂尔干社会关系分类图式与社会客观分类对应的思路；其次，从马克斯·韦伯利用经济学术语研究宗教和精神空间的学术思维中得到文化研究方面的启示；最后，继承和发展了马克思的政治经济学影响，将“资本”概念延伸应用于文化分析。[3]

货币交换社会关系的形成和完善使经济资本作为一种社会力量推动社会发展，资本由特殊性向普遍性提升，资本的概念开始不仅仅局限于经济领域，开始呈现出资本概念泛化的趋势，人力资本、社会资本等资本概念的出现推动了社会的其他存在可以依据资本原则进行分析和界定的研究新动向，也推动了其他各种存在（譬如文化）转化为资本的可能。

在《资本论》第一卷中，马克思认为“资本不是一种物，而是一种以物为媒介的任何人之间的社会关系”，可见，马克思的资本理论主要是以人与人之间的关系（即社会关系）为中心进行研究的，虽然以这样的认识思路展开对于资本的深入分析，但并不否认资本依附于一定载体的认识，他认为资本在具体运动的过程中总是表现为货币、生产资料以及商品等一定的物质，这些物质成为资本的存在形式或载体。文化资本概念深受马克思对于

---

[1] 马克思恩格斯全集：第47卷[M]. 北京：人民出版社，1979：257.

[2] 张意. 文化与符号权力——布尔迪厄的文化社会学导论[M]. 北京：中国社会科学出版社，2005：12.

[3] 张意. 文化与符号权力——布尔迪厄的文化社会学导论[M]. 北京：中国社会科学出版社，2005：14.

"资本"概念的启发,实质上究其方法论是对马克思资本理论的一种同义推广,布迪厄本人也承认其对马克思的模仿,"实践活动即使摆脱了(狭义的)'经济'利益逻辑并转向非物质的、难以量化的赌注,给人以非功利外表,但实际上一直在服从一种经济逻辑"[1]。在马克思经典理论的阐释中,在政治经济学领域的批判以及扩展到对整个现代社会的研究考察,最终都将研究的焦点归集于"资本"这一研究的核心概念上,资本是马克思对现代社会进行解读的关键所在。

当今社会变化迅猛,但是资本追求利润最大化的特质、资本与资本"他者"之间的对立以及资本永不停歇进行扩张的本能并没有因为时代的变化而发生改变。[2]尤其是在新的发展阶段,投资主体的多元化态势日益明显,资本已成为多元主体利益的组合,劳动关系所呈现出的多种样态也比马克思生活的那个时代更加复杂,作为劳动衡量尺度以及剩余劳动凝结的资本,与劳动的关系也变得越来越错综复杂。因此,可以说文化资本理论是对马克思资本理论的扩展和延伸。

2. 生产劳动的共时性与历时性

马克思、恩格斯明晰地阐释了劳动创造人类社会的唯物史观基本原理,他们关于生产力诸要素以及劳动过程的研究也具有重要的文化层面的意义。在对人类文化理解的层面上,文化是人类历史上某个时期的技术、知识和思想观念的集合体,这与马克思直接或间接分析的生产力要素的具体构成是完全一致的。生产技术和科学知识是劳动过程中直接的劳动资料,而在社会生产实践中产生的思想意识以及价值观念,通过人的作用间接地、历时性地作用于社会生产。从理论结构整体性来看,文化资本分析是在惯习的历时性和场域的共时性交互中进行的概念呈现和理论体系构建,一方面文化资本与其他形态的资本共时存在,期间亦有相互转化的驱动和可能;另一方面文化资本的积累和再生产也是一个历时动态不断变化

---

[1] 布迪厄.实践感[M].蒋梓骅,译.南京:译林出版社,2003:193-194.

[2] 宫留记.资本:社会实践工具——布尔迪厄的资本理论[M].开封:河南大学出版社,2010:105.

的过程。行动者是否能够延长其获取文化资本的时间长度，取决于其自由时间的长度，这里的自由时间是指从经济束缚中摆脱出来的时间，这是具体化文化资本最初积累的前提条件。文化能力在文化资本的传递和积累中起到了重要的作用，“因为获取资本需要一个延长过程，而能力就是这一延长过程所需要的特别的文化上的要求”❶。

3. 马克思实践观的拓展

实践活动既可以使文化以有形或无形产品的物化形态得以呈现和保留，也可以在个体本身实现内化形态的转化，即“实践作为文化的动态形式，作为其最终成果的总是处于社会关系中的人本身”❷。实践行为“从交往的角度来看，它们是用来保存和发展文化知识的；从社会化的角度来看，它们则是用来培养和维护个人认同的”❸。马克思关于实践在社会生产和再生产中重要性的观点、关于社会存在决定社会意识的观点以及围绕资本进行的政治经济学分析都是文化资本分析的重要参考。西方主流经济学理论是把文化看作超功利和无目的的领域进行分析的，这掩盖了统治阶级通过物质型和非物质型资本之间的相互转化来强化其对有价值资源的进行垄断的事实。文化资本的分析不再把文化视为无功利性的存在，并以此进行文化实践向度的分析，提出了关于实践的一般经济学，并尝试研究物质和非物质形态的实践行为背后的经济逻辑。在此基础之上，诸如文化积累、文化传承和文化再生产等融入众多智力因素的实践活动，也被还原成一种具有象征性特征和自主逻辑的利益行为，与其他类型的实践活动一样具有“资本”维度的考量。

马克思的实践观最重要的基本概念是：实践主体、实践观念、实践工具、实践场所等。实践主体回答的是谁在实践的问题，马克思一般情况下指的是人类，而文化资本分析中的实践主体指的是日常生活实践的行动

❶ 薛晓源，曹荣湘．文化资本、文化产品与文化制度——布迪厄之后的文化资本理论[J]．马克思主义与现实，2004(1)：43-49.

❷ 刘奔．文化研究中的哲学历史观问题[J]．思想战线，2007(2)：133-136.

❸ 哈贝马斯．后形而上学思想[M]．曹卫东，付德根，译．南京：译林出版社，2012：82.

者。实践观念解决的是人类如何实践的问题，也就是说，人类怎样实践、实践的逻辑和策略来自哪里的问题。马克思认为，人类的实践都是在实践观念的支配下进行的，而文化资本理论认为行动者的活动是在惯习的支配下进行的。马克思认为实践工具是主体与客体之间的中介，一般指生产工具，而文化资本理论认为实践工具是资本。马克思把实践场所一般理解为客观世界（宇宙），或者说，实践对象为客体，而文化资本理论则提出行动者的实践场所为场域。可以说，以布迪厄为代表的文化资本分析中的社会实践观是在继承了马克思实践观念的基础上进行改造和构建的。在布迪厄本人的诸多研究成果中，有关社会实践的理论分析集中呈现在《实践理论大纲》《实践的逻辑》《实践与反思——反思社会学导引》《实践感》《实践理性：关于行为理论》等著作中，其中《实践的逻辑》中提及或引用马克思的论述多达19处，在《实践理论大纲》中涉及14处，《实践与反思——反思社会学导引》和《实践感》则分别有13处和11处。

可以把文化资本分析的实践概念理解为：行动者在特定的场域中借由各自拥有的资本，在特定惯习的指导下，以巩固和提高其场域位置以及提高其拥有资本的数量和质量为目的所从事的活动。需要指出的是，布迪厄曾强调："我要向你们指出，我从来没有用过'实践'（praxis）这个概念，因为这个概念，至少在法语中，多多少少带有一点理论上的夸大说法……我只是说'实际活动'（pratique）。"[1]可见，在布迪厄研究分析中所使用的"实践"与马克思常用的"实践"并不完全一致。文化资本分析中的实践概念更多是指向人的"实际活动"，即个体所从事的一般性日常活动，包括生产劳动、物质交换、精神文化生活、政治参与和日常活动等诸多内容。[2]

另外，在文化资本的分析过程中，围绕行动者在实践中使用何种资本空间、资本使用的具体实践过程以及实践工具的应用等方面的研究，不同

---

❶ 高宣扬．布迪厄的社会理论［M］．上海：同济大学出版社，2004：109.

❷ 宫留记．场域、惯习和资本：布迪厄与马克思在实践观上的不同视域［J］．河南大学学报（社会科学版），2007（3）：76–80.

于马克思实践理论中的实践空间、实践观念和实践工具等概念，实质上是从日常生活实践的视角为我们进行研究分析提供了有益的启发。从某种意义上说，文化资本分析在实践空间、实践观念和实践工具等方面对马克思的实践理论进行了丰富和发展，为多视角深化马克思主义实践观的研究起到了积极的推动作用。❶

4. **文化教育理论与人的全面发展**

文化的主体存在形式可以更好地体现文化的“人化”本质，这不仅是因为文化最能体现人的属性和动物属性的区别并为“人之所以为人”提供立论的依据，还在于作为文化主体的人同时也是文化的目的所在，文化的基本目的是为了满足人的精神需求，其终极目的即为实现人“自由而全面的发展”。

在《德意志意识形态》时期，马克思认识到人的全面发展和教育密切相关，教育是造就全面发展的人的重要途径。马克思指出，“教育不仅是提高社会生产的一种方法，而且是造就全面发展的人的唯一方法”，“要改变一般的人的本性，使他获得一定劳动部门的技能和技巧，成为发达的和专门的劳动力，就要有一定的教育和训练。”❷但在这一时期，对教育怎样培养全面发展的人这一问题还思考不充分。在《资本论》时期，马克思对教育怎样培养全面发展的人做了具体的论述，在考察机器大工业生产的基础上断定教育与生产劳动的结合是一种历史的进步。❸

作为马克思以后资本理论发展的一种代表，文化资本理论深化了资本理论向文化层面的延展，在关注人的发展方面，更多指向了文化能力、文化关系、文化制度等方面的关注，这客观上是与马克思所提出的人的自由全面的发展的目标是一致的。自由而全面的发展的人实质上是一种“应然”状态下的人，马克思始终把“现实的人”作为研究的重点，其对资本进行更

❶ 宫留记. 资本:社会实践工具——布尔迪厄的资本理论[J]. 开封:河南大学出版社,2010:33.

❷ 孙正聿. 历史的唯物主义与马克思主义的新世界观[J]. 哲学研究,2007(03):3-8.

❸ 张爱华,等.《资本论》中的分工与人的发展思想探析[M]//苑洁. 马克思主义研究资料:第10卷. 北京:中央编译出版社,2014:281-282.

深入研究的目的在于厘清“实然”和“应然”状态下人的关系，并由此推及整个人类社会“实然”与“应然”状态的研究。

因此，马克思对于资本的研究并不局限于对物质资本的研究，而是在整个研究过程中不断深化对人与人之间关系的研究，这对于其他各种资本形态的研究可以说是高屋建瓴的。诚如马克思所言，“资本不是物……而是人们的一定的社会生产关系表现为物对人的关系，或者说，一定的社会关系表现为物的天然的社会属性。”[1]

对于文化资本理论而言，当文化发展的成果指向人时，即文化发展以人的全面发展为目标时，文化资本就能够转化为一种文化生产力，这也正是马克思所说的“建立在个人全面发展和他们共同的社会生产能力成为他们的社会财富这一基础上的自由个性”阶段，这是文化资本的正面取向。文化资本扩张带来的负面问题集中体现为文化资本泛化，这种泛化必然导致文化的异化。当文化资本过度扩张时，直接体现了人的一种异化的存在状态，表明了在信息社会的背景下，资本的逻辑已经不再局限于经济领域，而且进入了人们的社会交往领域，影响着人们对精神价值的追寻。

三、大学生思想政治教育接受中的文化资本运行

大学生思想政治教育接受中的文化资本运行涵盖了资本生成与度量、积累与再生产、资本流动、资本转换与区隔等方面，在借鉴文化资本的分析方法时，需要以辩证的视角去看待文化资本理论本身的积极意义及其分析方法的局限性。

（一）接受活动中的资本生成与度量

精神文化生产经历了一个从“法学、自然科学、哲学，这一切都由其内

[1] 马克思恩格斯文集：第8卷[M]. 北京：人民出版社，2009：485.

容是否符合教会的教义来决定”[1]到“一切精神的或物质的东西都变成交换价值并到市场上去寻找最符合它的真正价值的评价的时期”[2]的变化过程。

马克思在《1844年经济学哲学手稿》中关于资本在文化生活领域生成的作用解读为，“它把我的那些愿望从观念的东西，把那些愿望从它们的想象的、表象的、期望的存在改编成和转化成它们的感性的、现实的存在，从观念转化成生活，从想象的存在转化成现实的存在。作为这样的中介，货币是真正的创造力”[3]。精神文化生活虽然也是精神性地存在着，但是它们是作为一种相对于个体意识而言的客观性、语境性、精神预设性的存在，对个别主体的思想和行为产生规定性。[4]文化的物质基础离不开日常生活的根源在于“观念形态的文化没有历史”，即“道德、宗教、形而上学和其他意识形态，以及与它们相适应的意识形式便不再保留独立性的外观了。它们没有历史，没有发展，而发展着自己的物质生产和物质交往的人们，在改变自己的这个现实的同时也改变着自己的思维和思维产物”[5]。但是由于文化资本存量的价值衡量难度较大，加之文化资本是较为抽象的资本形态，其自身的不确定性也直接导致了其价值增殖部分也是无法全覆盖、精准化地进行研究。在思想政治教育接受中具有稀缺性特质的文化资源得以转为文化资本的形态加以留存，但是由于文化资源的多样性，文化资本的定量分析难度较大，通过一些指标的构建也只能是从部分视角呈现出文化资本的价值增殖意义。

（二）接受活动中的资本积累和再生产

马克思强调资本不只是财富，更是在资本主义复杂生产关系中的一种价值，在进行资本积累的过程分析时马克思专门以“所谓原始积累”作

---

1. 马克思恩格斯全集：第21卷[M]. 北京：人民出版社，1965：545.
2. 马克思恩格斯全集：第4卷[M]. 北京：人民出版社，1965：80.
3. 马克思恩格斯文集：第1卷[M]. 北京：人民出版社，2009：246.
4. 胡潇. 马克思视野中的文化逻辑与资本逻辑[J]. 教学与研究，2015(9)：48-55.
5. 马克思恩格斯文集：第1卷[M]. 北京：人民出版社，2009：525.

为《资本论》第一卷第七篇的一个章节，认为资本的原始积累即资本的历史起源。

在布迪厄有关文化资本的相关著作论述中，可以看到他的资本概念并不与上述马克思所理解的榨取剩余价值或原始积累动力的剥削理论相联系。在布迪厄与马克思的批判性对话中，他既吸收了马克思主义，又与之保持批判性的距离。布迪厄通过权力束的方式分类资本类型，并认为在一定条件下不同类型的资本可以相互转化。布迪厄认为，马克思主义一方面强调经济基础在社会生活中的根本地位，另一方面却将利益概念限定在社会生活的物质领域，将非物质领域看作是超利益、无功利的，这一限定事实上造成了主观主义和客观主义的二元对立。布迪厄回避了马克思主义者关于经济基础和上层建筑的划分，将经济利益的观念扩大到符号、非物质性活动领域和物质生产领域中，[1]进而分析了社会的等级结构通过文化资本的积累被生产和被再生产。尽管布迪厄对资本进行了非经济的解读，但其还是给予了经济资本以理论上的优先权，他认为，“经济资本处于所有其他资本类型的最根本处”，而且，这些非经济的资本事实上是“经济资本的转化与伪装形式”。可以看出，布迪厄对于资本的认识仅仅是把资本看作是一种资源形态呈现出的财富形式。

“只有把资本看作一定的社会生产关系的表现，才能谈资本的生产性。”[2]马克思关于再生产的观点是生产关系和生产力之间的关系问题，资本的再生产过程既包括资本的生产过程也包括资本周转或循环。马克思指出，撇开那些阻碍再生产按原有规模进行的干扰不说，再生产只能有两种情况：或者是再生产按原有的规模进行，或者是发生剩余价值的资本化，即积累。[3]

在布迪厄看来，“教育行动使他灌输的文化专断得以再生产，从而有助

❶ 张意. 文化与符号权力——布尔迪厄的文化社会学导论[M]. 北京：中国社会科学出版社，2005：130-131.

❷ 马克思恩格斯全集：第26卷[M]. 北京：人民出版社，1972：291.

❸ 马克思恩格斯文集：第6卷[M]. 北京：人民出版社，2009：2-3.

于作为它专断强加权力的基础的权力关系的再生产。”在布迪厄的理论框架中，文化资本的再生产方式主要有两种：家庭教育（言传身教、代际传承）和正规教育（价值观念、文化知识、意识形态），早期的家庭教育对于文化资本的积累至关重要，布迪厄指出，“来自家庭环境的一整套爱好和知识造成了大学生之间的差异，他们在学习学术文化方面知识表面上的平等，使他们分化的是他们在一定程度上与其出身阶级共有的一些文化特征系统。在决定一个大学生群体与其学业关系的所有方面，都表现出了他们所属的阶级与整个社会、与社会成功及与文化的根本关系。”[1]关于学校教育部分，布迪厄在《再生产：一种教育系统理论的要点》中，论证了教育与文化资本以及社会再生产的关系，指出现代学校教育对于获得文化资本具有决定性意义。学校教育不仅赋予学生具体化文化资本，而且再生产着文化资本所处的社会状况。文化资本的再生产可以概括为两条中介途径。

第一条途径是指特定的文化资本可以依托家庭为载体，由父母延续给子女，并以某种独特的惯习不断强化和复刻着这种传承。带着惯习印记的行动者在接受学校教育以及社会化的过程中，会不断深化惯习中为学校和社会所肯定、认可与欣赏的价值理念、性情倾向和行为模式。由于惯习不涉及行动者在认知方面具体的能力与表现，因此惯习可以表述为，其代表着文化资本的非认知（non-cognitive）效果，即文化资本影响行动者的惯习特征，并借由惯习影响下的性情系统和行为模式进一步影响行动者的教育接受效果。

第二条途径则涉及文化资本引导下的认知行为选择与能力培养。这种认知选择倾向是指行动者分析、解决问题的具体能力和技巧。在文化资本影响行动者教育效果的因素中，考虑认知性因素实际上是肯定了文化资本对行动者认知性能力和技艺（skill）的影响。这种影响存在于行动者学业成绩的优劣评判之中，也存在于行动者思想政治教育的接受效果之中。

总结上述两种文化资本再生产的途径，文化资本既带来行动者某种难

[1] 布尔迪厄，帕斯隆．继承人：大学生与文化[M]．邢克超，译．北京：商务印书馆，2002：24.

以直接衡量的特质与性情的影响,也影响着行动者可量化的能力或技能的培育。在这种双重作用之下,文化资本对于大学生思想政治教育接受的影响是显性影响与隐性影响交织的呈现。可以说,文化资本的再生产路径有家庭传承的影响,也有其他各种公共场域的影响,这其中最典型的就是学校教育,学校教育是除了家庭教育之外最为重要的文化资本再生产场所。

(三)接受主体社会化中的资本流动

文化资本分析中的场域是一种流动的社会空间,文化资本的流动构成了场域动力。“一个场域的动力学原则,就在于它的结构形式,同时还特别根源于场域中相互面对的各种特殊力量之间的距离、鸿沟和不对称关系”“只有在与一个场域的关系中,一种资本才得以存在并且发挥作用”。[1]场域中的惯习千差万别,行动者通过将特定类型的社会条件和经济条件内化的方式来获得独特的性情倾向(即惯习),而且在研究场域里某条确定轨迹的过程中,可以寻找到促使这些惯习或性情倾向系统成为事实的有利机会。

作为文化资本存在基础的场域和惯习是以互动的方式而存在的,惯习与场域之间的关系是一种双向的模糊关系。场域是惯习的载体和“元存在”,场域决定惯习,形塑惯习,使惯习成为某一场域的特有属性,而惯习对场域具有反向作用,赋予场域以意义的空间。惯习与场域“合拍”时,惯习会维护和促进场域,也会使自身更具有稳定性;而当二者“不合拍”时,惯习会成为改变场域的重要推动力,并尝试着使自身也随着场域的变化而调整。在现代社会急剧变化的时空之中,场域惯习的不合拍往往变得更为频繁,接受主体即场域中的行动者在社会化的过程中,面临种种“不合拍”需应对“脱场”的危机。

行动者个体的发展受到个体在场域中生存和成长环境的影响并形成自

[1] 布迪厄,华康德.实践与反思——反思社会学导引[M].李猛,李康,译.北京:中央编译出版社,1998:139.

身不同的发展特点和结果，不同地域、不同阶层间也是各具特点的。惯习存在滞后性，如布迪厄所言，“在客观结构和体现在身体上的结构之间存在的吻合，只不过是与世界的关系（即自然关系）的一个特例”。若将场域的结构和关系看作一般普遍性的存在，进行跨场域的简单移植，必然会加剧场域与惯习“不合拍”，带来种种“脱场”问题。

目前中国社会在转型过程中，一方面给人的生活方式带来转变，人的精神追求呈现出多元化倾向；另一方面，社会转型加剧了社会场域中存在的不确定性和风险性，形成中国社会特有的惯习特点。在此形势下，场域外部不确定的增大及内部粒子斥力的增强，造成场域与惯习“不合拍”情形加剧，使行动者的社会化过程在现实场域中对于“不合拍”的感受性更为强烈，惯习作为一种自觉的行动图式指导行动者在场域中的行为，一旦场域不平衡加剧，行动者的“脱场”会持续深化进而形成现实中精神追求危机。

（四）教育制度中的资本转换与区隔

文化再生产的过程中，教育的职能之一是“保留、培育和尊奉”文化传统。学校教育一方面要为学生传承技术性知识和技能，另一方面还要将学生进行社会定型，使其纳入到特定的文化传统之中。文化资本再生产涉及文化产业化的运作问题，也涉及社会导向问题，即看得见的手和看不见的手的合力。文化资本的转化内含着精神文化生活与物质生活的交互，“观念、范畴也同它们所表现的关系一样，不是永恒的。它们是历史的、暂时的产物。”[1]文化生活的方式以及进一步深入的文化精神、思想观念等方面的内容，始终要跟随物质生产方式的变化而变化，即它们始终受到社会物质生产的制约。倘若离开物质生产方式去讨论精神文化，或者没有把资本的生产方式当作“一定的、历史地发展的和特殊的形式来考察”[2]，那必然会失去理解文化生产的基础，必然会无法正确解释社会的精神文化生活。

---

[1] 马克思恩格斯文集：第1卷[M]. 北京：人民出版社，2009：603.

[2] 马克思恩格斯全集：第26卷[M]. 北京：人民出版社，1972：296.

马克思审视了精神生产与物质生产在总的历史发展中的一致性和在某些阶段、某些方面的不对称性，反复肯定了艺术、教育等精神文化生产部类既受到人类认识如神话幻想的影响，又受到物质生产技术如机车、铁路、避雷针的影响，还受到精神文化生产自身的技术如印刷术、电报的影响。在文化资本影响下的教育制度发挥着这样的作用：在保留原有秩序的教育行动中，使由文化资本分配不均衡而在学生之间造成的差距也得以留存。更确切地说，通过一系列的选拔活动，教育制度把文化资本的持有者与文化资本的缺失者分离开来。文化资本成为教育对象在场域中行动能量的体现，教育制度根据教育对象所拥有的文化资本的数量不同，把他们分配在不同的位置，于是学校成为现代社会分层的分离器。

（五）辩证看待文化资本分析的借鉴意义

在两面性的认识方面，看待资本形态呈现的文化即文化资本亦需如此。文化资本概念至少启发我们反思教育和文化传统的关系、文化传统的现时代发展等问题，对突破与社会脱节的悬空的文化本质观念有着巨大的启示作用。需要指出的是，从各种文化因素的作用机制审视文化资本的运行，理论本身容易造成文化资本的内容过于宽泛，并且资本自身就是有局限性的。资本在处理短期利益与长远利益、整体利益与局部利益的关系上有其自身的局限性。逐利性是资本发展的目标，使得人发生了异化，成为单向度的人。

马尔库塞将马克思的资本理论进一步发挥，将马克思关于生产领域中资本对人的消极作用延伸到其对人的全部社会生活领域影响的分析中，指出在生产力不断发展的当代，资本的力量在消费生活、文化生活、政治生活等领域，无所不在地统治人，使人成为单维度的人，朝着符合资本增殖需要的单一的技术理性方向畸形发展。

对于思想政治教育接受而言，遵守规范是思想政治教育接受的最低层次要求，虽然这是不可或缺的，但仍需要更高境界的提升，因为规则只是对不健全的人作出的约束。[1]惯习影响场域中行动者对于思想政治教育的接受效果，但是诚如前面所阐述的，对于规范的遵从是思想政治教育较低层次的要求。只有受教育者不再被动地受制于规范的约束，而将其作为自觉且自主的追求，则接受活动便由规范约束转向品格养成等方面更高层次的接受。品格的形成是把人的生活作为统一的整体，而不是一堆或多或少的无关联状态的连续，品格是一种更高的思想境界，表现为一种持久的价值追求，它是精神状态中相对稳定的认知和信念坚守。思想政治教育接受亦是以品格形成作为最终目标指向的，由此而生发的行动，也就不是一个个孤立活动的连续，而是体现为作为完整的行动者个人的系列行动。

锻铸品格和培养品性是思想政治教育活动中极为重要的层面，基于这一立足点，教育的目的不仅仅停留在一般的外在规范约束上，而且在于更好地发挥受教育者自身的主观能动性，这也是思想政治教育接受效果评价的重要依据。文化资本理论所指的惯习虽然可以帮助品格的形成，但品格却并不是惯习，其远高于惯习，涵盖了比惯习更为丰富的内容。品格中的德性是为特定理由而行动的性情或禀性，因而是通过受教育者的主观能动性而发挥作用的，它是在过去和现在的累积中形成的，并将在未来的开拓中继续加以运用。因此，这种性情并不是历史行动和经验偶然且无序的叠加而形成的一种结果，而是支持个体用最真实的性情做出的一种决定或选择。

文化资本的分析是具有强烈批判精神的，这其中的一系列分析方法可以为深入研究当代文化转型中的诸多复杂矛盾现象提供借鉴。

文化资本的研究虽然拓展了马克思的实践理论，但其有一定的局限性，特别是对人的主观能动性的重视程度不够。

在思想政治教育的接受活动中，受教育者的选择性很强，信息内化的过程关键在于受教育者的主体选择，尤其是当内化的信息进一步外显为自身的文化资本时，更加凸显出人的主体作用。利用文化资本的视角进行行

[1] 高国希．论思想政治教育的目标与途径[J]．思想理论教育，2008(11)：4-9.

动者的行为分析时,需要克服这方面理论自身存在的不足。另外需要注意的是,在将文化资本分析方法与思想政治教育接受问题研究相结合时,一方面要关注思想政治教育对于维护统治阶级主流文化的功能,另一方面也要关注思想政治教育中的能动因素作用发挥对思想政治教育文化功能的影响,并要充分考虑到多元文化对于思想政治教育的功能发挥以及思想政治教育接受效果实现的影响。

第二章　文化资本“三形态”：大学生思想政治教育接受资源论

有利于思想政治教育接受活动开展的各种要素都可以称之为思想政治教育接受资源，文化资本以三种形态的存在提供了思想政治教育接受资源。具体化文化资本将文化资源内化为品德修养和能力素质，关注到思想政治教育接受所重视的受教育者主观能动性的发挥；客观化文化资本是文化资本最直接的物质体现，将文化作品、文化场所等资源涵盖其中；体制化文化资本是对某种特定的社会价值与权力的认可或证明，使受教育者在接受活动中建立规则化的联系。为了进一步验证不同形态的文化资本对大学生思想政治教育接受效果的影响，借助中国社会调查的数据资源，建构了三种形态文化资本影响效果的Logistic回归模型，从公平感、信任感、幸福感、职业价值观和主流价值观一致度五个方面分析文化资本对思想政治教育接受的具体影响。

一、大学生思想政治教育资源的类型

思想政治教育资源是指有利于思想政治教育活动开展的各种要素，是思想政治教育有效接受的资源保障。通过对思想政治教育资源类型的梳理，可以与文化资本的类别划分相结合进行文化向度的思想政治教育接受资源分析。

（一）自然资源和社会资源

随着人类改造自然、社会实践活动的发展，人与自然界的分化越来越明显，人的主观能动性也不断增强，这时，既需要一般学校教育传承文化、发展智能，也需要思想政治教育维护统治秩序、传承道德。❶

思想政治教育自然资源是指以自然形态存在的、可服务于思想政治教育活动的资源。十八大报告中首次提出的“美丽中国”概念，首先蕴含的便是自然之美，自然生态系统中的绿水青山、辽阔疆土海域所提供的优越自然环境、丰富能源矿产、多样化动植物类目等，都是思想政治教育进行国情教育、爱国主义教育的重要资源。

思想政治教育社会资源是指应用在思想政治教育活动中的人类社会活动创造成果的总和，社会资源散布在人们社会生活的方方面面，包括人力资源、智力资源、信息资源、技术资源和管理资源，等等。❷尤其在信息化时代，通过大数据、云计算等技术可以建立大学生资源需求的识别信息库，打通思想政治教育资源与大学生群体之间的“最后一公里”，提升思想政治教育的有效性。

（二）物质资源和精神资源

物质资源是生存发展的基础，思想政治教育物质资源是以“实物”形态存在的教育资源。精神资源是相对于物质资源而言的，既包括理性层面的系统化的理论、思想、道德、宗教、艺术等以及通过语言文字物化的承载，也包括感性层面的人的价值观、人生观、世界观和历史传统、文化习俗、情感态度、社会心理等因素。❸

对文化资本而言，它也是物质资源和精神资源的聚集。国家统计局公布的文化产品生产包括：新闻出版发行服务、广播电视电影服务、文化艺术服务（文艺创作与表演服务、图书馆与档案馆服务、文化遗产保护服务、群众文化服务、文化研究和社团服务、文化艺术培训服务）、文化信息传输服

❶ 郑永廷. 论思想政治教育的本质及其发展[J]. 教学与研究，2001(3)：49-52.

❷ 俞剑平. 全球化经济合作学[M]. 杭州：浙江大学出版社，2001：10.

❸ 戚如强. 思想政治教育社会整合论[M]. 上海：上海三联书店，2015：192.

务、文化创意和设计服务、文化休闲娱乐服务(景区游览服务、娱乐休闲服务、摄影扩印服务)、工艺美术品的生产。[1]这些生产都是充分利用物质资源和精神资源的加工过程。在文化资本以物质和精神不同形态资源的积累和传承中,文化的印记便深刻地烙印在集体记忆中。集体记忆是一个总称,它涉及两方面的关系,一方面是历史与纪念标志,另一方面是人们对过去的看法、情感与判断。欧内斯特·勒南认为:"一个民族就是一个灵魂,一种精神原则。实际上,构成这种灵魂及精神原则的是两个东西……一是共同拥有丰富的记忆遗产,二是真心同意并渴望生活在一起,想继续珍视共同拥有的传统。"[2]

过去是现在的导向,鲜活的记忆、见证人、确凿的证据、历史文献资料、知情人的叙述、抹不去的创伤……这一切都使过去不容篡改。当这些资源真实完整地呈现在人们尤其是年轻一代面前时,这是一种"表现为各种象征的精神遗产,人们以此来交流、珍藏并改进他们生活的态度与认识"[3]。

(三)传统资源和现实资源

中华优秀传统文化中所承载的优秀道德品性和博大胸怀,是彰显中国特色社会主义文化自信最为宝贵的文化资源和思想源泉,在思想政治教育中必须充分发挥好其作为中华优秀传统文化基因的影响力。特别是中华优秀传统文化中"仁爱""谦逊""诚信"的精神塑造,可以与当下社会发展的现实资源相结合,形成现时代具有深厚历史文化传统积淀的思想政治教育的宝贵资源。

第一,仁爱的道德准则。中华优秀传统文化的核心精神内涵是宽厚仁爱,包容万物,仁爱之心始源于个体内心对母体"载物"厚德的自然亲近和认同。《彖传》云:"至哉坤元,万物资生",大地之德宽厚仁爱,无私而载。《周

---

[1] 国家统计局设管司. 文化及相关产业分类(2012)[E/OL]. [2017-12-10]. 国家统计局官网 http://www.stats.gov.cn/tjsj/tjbz/201207/t20120731_8672.html.

[2] 雅各布斯,汉拉恩. 文化社会学指南[M]. 南京:南京大学出版社,2012:227.

[3] 雅各布斯,汉拉恩. 文化社会学指南[M]. 南京:南京大学出版社,2012:230.

易说卦》有言:“立人之道,曰仁与义”,人道即为“仁义”。《系辞上》曰:“安土敦乎仁,故能爱”,意为安于所处的环境,敦行仁道,才能泛爱天下,这便是《周易》中仁爱思想的深刻反映。仁爱是传统文化中所提倡的道德行为准则,亦是儒家思想体系的核心,即仁者爱人的理想目标和为仁之方的行动实践。《吕氏春秋·不二》精辟总结“孔子贵仁”,即孔子将“仁”上升为道德自律的最高境界,故有“仁者爱人”的阐发,继而有“己欲立而立人,己欲达而达人”的为仁之方。仁爱的道德准则蕴含“亲亲”“仁民”“爱物”[1]的层层推广,即“仁爱”是“大地之德”由自我及他者、由“爱亲”及“泛爱众”、由爱人及爱万物、由“小我”及“大我”的宽博情怀,并以“显诸仁,藏诸用”的形式实现内外兼修。

第二,谦和的道德准则。《易经》和《易传》构成《周易》的两个重要部分。《易经》以乾坤二卦为核心,由六十四卦和三百八十四爻组成。这其中唯有谦卦的所有卦辞、爻辞均吉祥,而作为对《易经》解释、发挥的《易传》,则集中通过谦卦表达了对于谦和这一美德的推崇,这亦是谦和原则的集中体现。《易传》中《象传》曰:“地中有山,谦;君子以裒多益寡,称物平施。”以隐喻方式阐释“谦”之内涵:高山隐藏于广袤大地之中恰如美德嵌入内心而不外露,君子正需要虚心接受他人意见,知轻重。又如《咸》:“《象》曰:山上有泽,咸,君子以虚受人。”其中“虚”即谦虚,虚怀若谷、诚心接纳的意思,并作出深入解释:“劳谦君子,万民服也。”意为具有谦和品德的人才会真正使人敬服。作为研究领域的重要典籍,《周易折中》引陆象山曰:“自尊大,则不能由礼,卑以自牧,乃能自节制以礼也。”意为以谦和的态度提升自我修养,并能实现自我约束。[2]“谦”之美德在《易传》中以独有的解读方式对其发生发展和重要意义进行阐释,逐步进行精细论证,使谦和作为重要的道德准则获得重要的理性依据和信仰力量。

---

[1] 《孟子·尽心下》有言“君子之于物也,爱之而弗人;于民也,仁之而弗亲。亲亲而仁民,仁民而爱物”,而“亲亲”“仁民”“爱物”即仁行的三环节。

[2] 参见于慧芳.试析《周易》中厚德载物的民族精神[J].西北民族大学学报(哲学社会科学版),2006(3):122-126.

第三，诚信的道德准则。谦和与诚信是相辅相成的，谦和源自内心的真诚信实，态度谦和、尊重他人即为“中虚”，是诚信之根本；脚踏实地、言出必行即为“中实”，是诚信之本质。《周易》中“孚”即诚实守信之意，且源于内心（即为“中”），故谓之“中孚”。[1]在有学者做过的统计中，《易经》曾二十六次提及“孚”，可见其对于诚信道德准则的重视。特别是“中孚卦”集中解释了“诚信”准则，其九五爻辞曰：“有孚挛如，无咎。”意为通过诚实守信品德相维系的交往，能避免许多灾祸。可见，《易经》表达了诚信之德可安邦兴国之意。君子“忠信，所以进德也；修辞立其诚，所以居业也”，即君子之德，以忠信为本；君子之业，以诚贞为本。继而，《系辞上》曰：“人之所助者，信也。”诚信基础之上才有人与人之间的亲近和聚合，形成社会群体乃至整个民族的强大凝聚力。孟子则将《周易》中诚信的道德准则进一步发展，《孟子·离娄上》曰：“诚者，天之道也；思诚者，人之道也，至诚而不动者，未知有也；不诚，未有能动者也。”“人”与“天”能够相融合的关键所在则为是否具备“诚信”的品德。[2]

（四）显性资源和隐性资源

思想政治教育的显性资源是指围绕受教育者所使用的直接公开的各种教育资源的综合，显性资源的开发和使用有着规范化的方案以及制度化的保障。隐性资源较之显性资源而言，是在思想政治教育接受中潜移默化地发挥影响力的教育资源的综合。思想政治教育接受的影响因素是显性与隐性交织的，这些因素即为接受提供了显性和隐性资源，也带来思想政治教育方式的显隐结合。在显性思想政治教育中，教育对象在明确的主导意识中接受教育，而在隐性思想政治教育中教育对象并没有明确的受教意识，只是构成事实上的受教过程。[3]在正式的显性教育作用和影响之外，教

---

❶ 李光地．周易折中［M］．刘大钧，整理．成都：巴蜀书社，2008：232.

❷ 任俊华．“厚德载物”与生态伦理——《周易》古经的生态智慧观［J］．孔子研究，2005（4）：24-31.

❸ 白显良．隐性思想政治教育过程探析［J］．思想理论教育，2007（21）：57-65.

育对象的品德修养和价值观念的形成与发展受到复杂多变的外界因素影响，这其中有源自家庭、学校、组织、社会的影响，有源自大众传媒、网络媒体的影响，也有源自以流行文化、商业广告为代表的多元文化的影响。这些因素往往成为影响教育对象的思想观念、人生态度、生活方式、消费习惯、价值追求等方面的重要因素，其作用效果不容忽视。这其中积极层面的影响因素即可作为思想政治教育的隐性资源，通过熏陶感染、从众示范、情境体验等方式发挥着教育的作用。总之，与显性资源不同，隐性资源不仅仅存在于学校里，而且还客观地分散于社会生活的点点滴滴之中，以一种“不经意”的方式实现着文化渗透、观念渗透，进而逐渐深化到价值观的渗透。

二、文化资本形态呈现的大学生思想政治教育资源

文化资本具体可以分为具体化、客观化和体制化三种形态，可以通过内化的品德和修养教育、文化形态资源的集聚以及资源获得的资格或证明等形式为思想政治教育接受活动提供着文化资源。

（一）具体化文化资本：内化的品德和修养教育

文化作为行动的创造源，“不会因为保护人的个别能力而将别的能力排除在外”，文化之所以“不加区分地支持所有这些能力，而且它不会单独支持某一种能力，其简单的原因在于，它是所有这些能力之可能性的基础”[1]。又诚如哈贝马斯所指出的，“文化本身又是个人的一种资源。”[2]具体化文化资本涉及内化的品德和修养教育等，包括精神和身体组成的知识、教养、技能等，为思想政治教育所重视的人的主观能动性方面提供了文化层面的关注。

---

[1] 伊格尔顿．文化的观念［M］．方杰，译．南京：南京大学出版社，2003：21.

[2] 哈贝马斯．后形而上学思想［M］．曹卫东，付德根，译．南京：译林出版社，2012：86.

思想政治教育以人的思想作为研究和作用的对象,人的思想活动表现为人的主观能动性,而人的主观能动性包括人的信仰、理想、道德、情感、意志等,这些都是思想政治教育所涉及的主要内容。而人的信仰、理想、道德、情感、意志等直接或间接地影响到人的潜能的开发,所以思想政治教育对于个体成长而言,具有开发潜能的功能。[1]

人的品德修养不是先天遗传而来的,也并非后天环境的机械决定,而是在充分发挥主观能动性的实践活动和社会交往中,在现实社会关系的联结和互动中逐渐形成的。具体化文化资本的形成是个体发展在客观文化的影响下将文化内化为其内在的能力、素质和精神境界的过程。这一过程使人的品德修养借由文化的作用力影响不断提升和完善,并使文化由客观存在获得主体的存在形式。正如马克思所作出的阐述:“这是他们本身不停顿的运动过程,他们在这个过程中更新他们所创造的财富世界,同样地也更新他们自身”[2],“世界体系的每一个思想映象,总是在客观上受到历史状况的限制,在主观上受到得出该思想映象的人的肉体状况和精神状况的限制”[3]。具体化文化资本是通过长期稳定的过程在教育对象自身累积起来的禀性和才能,并以行动者在家庭和学校教育中习得并内化成为自身的知识文化能力、教养品味以及技术技能作为外在呈现。具体化资本的形成往往要经历一定的时间并消耗一定数量的资本,这是一个历时性的动态过程,亦是构成教育对象惯习的重要参考。

(二)客观化文化资本:文化形态资源的集聚

客观化文化资本是文化资本最直接的物质体现。布迪厄在论述文化资本概念时例举了大量资源,诸如行动者词语的熟练运用、衣着举止、审美偏好、文化素养、教育文凭等等,其目的是要表明在当今社会,最宽泛意义上

[1] 李辉.现代思想政治教育环境研究[M].广州:广东人民出版社,2005:107.

[2] 马克思恩格斯文集:第8卷[M].北京:人民出版社,2009:204.

[3] 马克思恩格斯文集:第9卷[M].北京:人民出版社,2009:102.

的文化已经成为一种重要的资源体现。[1]作为文化形态资源集聚的客观化文化资本是历史活动的产物。行动者通过全部自身所特有的对象化活动把人的本质力量从主体的存在方式转化为客体的对象性存在，也就是主体通过实践活动把其本质力量转化为静态的物质的存在形式，即积淀、凝聚和物化在客体中，而从客观对象的存在形式又可以转化为行动者生命结构的因素或行动者本质力量的因素。通过这样互为前提的活动不断占有、吸收对象（包括前人的活动成果），从而不断提升行动者的精神文化水平，丰富其本质力量，从而提高着主体能力。客观化文化资本不仅仅是把社会生活的某一方面作为自己的研究对象，更是把一定历史时期的社会生活作为一个整体来反映，整个社会的面貌是以综合的整体性的生活本身的样子呈现在人们面前的。客观化文化资本有着鲜明的形象性，在转变人们的思想、培养人们的道德情操方面，能起到潜移默化、感染熏陶的作用。[2]列宁精辟地指出，“必须取得资本主义遗留下来的全部文化，并且用它来建设社会主义。必须取得全部科学、技术、知识和艺术”[3]，“如果不学会利用资产阶级文化”，社会主义就“不可能实现。”[4]客观化文化资本涵盖着小说、音乐、绘画、影视为代表的文学艺术作品，亦有现代文化事业领域的图书馆、纪念馆、博物馆、青少年活动中心等社会组织，还包括了以家规家训、乡情风俗为代表的传统资源，这些资源承担了一定的思想政治教育职能，如何使客观化文化资本以适当的方式“入场”，提高大学生思想政治教育的接受效果，是思想政治教育需要着力思考的重要问题。笔者曾经于2017年7月对山东某高校3638名大一新生进行问卷调查，其中设置了被访大学生“从去年夏天到今年夏天参加的公共文化活动”的不定项选题。数据显示，看电影已经成为绝大部分准大学生（设置的时间段对于大一新生而言是高中的最后一年）的文化活动方式，90.2%的人在从去年夏天到今年夏天的时间

---

❶ 宫留记．资本：社会实践工具——布尔迪厄的资本理论［M］．开封：河南大学出版社，2010：130.

❷ 邱柏生．思想教育接受学［M］．太原：山西人民出版社，1992：191.

❸ 列宁全集：第36卷［M］．北京：人民出版社，1986：48.

❹ 列宁全集：第38卷［M］．北京：人民出版社，1986：111.

内看过电影。[1]接近一半的大学生选择“去过博物馆”（占比46.7%），超过三分之一的大学生选择“看过街头演艺”“看过展览”“看过体育比赛”，接近三分之一的大学生选择“参加过校园文化活动”（占比33.0%）。这说明大学生群体的精神文化生活较为多样化，可选择项目多，公共文化场所的开放增加了其文化活动的空间，较高层次的文化活动（如参观博物馆、看展览等）较为频繁。可见大学生群体对于以电影、博物馆、展览等为代表的客观化文化资本的需求较大，可以充分利用客观化文化资本，营造有效接受思想政治教育的文化场域。

（三）体制化文化资本：资源获得的资格或证明

体制化文化资本是一种独特的文化资本，它相对独立于资本的持有者，具有特定的社会价值及社会认可度，并使社会权力以制度的方式得以呈现，譬如学历文凭、资格证书、行业执照等，都是体制化文化资本的具体表现。

体制化文化资本“在官方认可的、合法化的能力与简单的文化资本之间确立了一种根本的差别，而那种简单的文化资本则需要不断去证明自身的合法性。在此情况下，我们可以清楚地看到体制性权力、自我表达的权力和捍卫信仰的权力的魔力，一言以蔽之，看到强迫他人接受‘社会公认性’的权力。”[2]系统功能主义代表人物乔纳森·特纳认为，“当各种不同取向的行动者（根据他们的动机和价值观取向来定位）在相互交往时，他们就会形成同意和忍受某种互动的模式，这便成了‘制度化’。”[3]吉登斯则认为权力有如下两个方面：“一方面它是行动者将他们所偏爱的决定立为规范的

[1] 笔者曾经收集过某省城乡居民调查数据，城乡居民选择“看电影”的比例仅为52.7%，大学生群体选择“看电影”的比例远远超出城乡居民的平均水平。

[2] 薛晓源，曹荣湘．文化资本、文化产品与文化制度——布迪厄之后的文化资本理论[J]．马克思主义与现实，2004(1)：43-49.

[3] 特纳．现代西方社会学理论[M]．范伟达，译．天津：天津人民出版社，1988：84.

能力；另一方面它是交织建构于制度之中的'倾向的运作'。"[1]体制化文化资本存在于拥有一定跨越时空的连续性的社会系统中，意味着行动者或群体之间的社会互动文本中的自主的或依附的规则化联系。这种规则化的联系尽管本身不是自愿，但它却作为资源分配与调节的一般能力通过资源分配体现出来。[2]以体制化形态为代表的文化资本可以通过与其他资本尤其是经济资本之间设定兑换率，来保证特定的体制化文化资本的经济价值。这也肯定了特定文化资本的持有者较之其他类型资本持有者的独特价值，由此，体制化文化资本具有合法保障的价值，可以在劳动力市场作为劳动力交换的文化价值参考。

需要注意的是，经济资本和文化资本之间并不是完全的对应关系，部分经济资本的持有者有可能在文化资本的积累方面是欠缺的，同时部分文化资本的持有者在经济资本存量方面也许并不富有。这种不完全对应关系的存在对部分行动者而言，可以转变其对某种单一资本的关注，而转向利用多形态的资本尤其是文化资本，在身处的社会环境和成长过程中寻找符合自身发展需要的立足点。

三、思想政治教育视野中文化资本效用的实证分析：基于CGSS数据（2013）

为了进一步分析不同形态文化资本的影响效应，特别是与思想政治教育接受过程以及接受结果有关联指标的影响效应，笔者尝试通过CGSS数据库[3]发布的权威数据，筛选出与青年群体文化资本积累有关的部分数据指标，并将指标按照文化资本三形态进行分类，以期从公平感、信任感、幸

[1] GIDDENS A. The Constitution of Society[M]. Berkeley University of California Press，1984：15-16.

[2] 项贤明. 泛教育论：广义教育学的初步探索[M]. 太原：山西教育出版社，2002：368.

[3] 中国综合社会调查（Chinese General Social Survey，CGSS）是我国最早的全国性、综合性、连续性学术调查项目，是研究中国社会的权威数据来源，由中国人民大学中国调查与数据中心负责执行调查和数据发布。

福感、职业价值观和主流价值观一致度五个方面建构文化资本三形态影响效果的Logistic回归模型，为思想政治教育接受提供较为科学的数据支撑[1]。论文研究的数据采用的是CGSS（2013）官方数据，样本总数为11438人，在CGSS数据库中筛选出青年群体作为研究的子样本，样本量为2559人。[2]有关样本的具体描述，见表2-1。

表2-1　文化资本影响因素的研究变量说明（基于CGSS数据库）

变量类型	变量名称	变量说明
因变量	公平感	完全不公平=1，比较不公平=2，说不上=3，比较公平=4，完全公平=5
	信任感	非常不信任=1，比较不信任=2，说不上=3，比较信任=4，非常信任=5
	幸福感	非常不幸福=1，比较不幸福=2，说不上=3，比较幸福=4，非常幸福=5
	职业价值观	过"普通人生活"应具体的职业倾向，单位领导或企业老板=1，管理人员或技术人员=2，一般办事人员=3，干体力活也行=4
	主流价值观一致度	对一些重要事情所持的观点和看法与社会大众是否一致，非常少/比较少=1，一般=2，比较多/非常多=3
控制变量	性别	男=1，女=2
	民族	汉族=1，其他民族=2

[1] 利用CGSS数据进行文化资本效用的实证分析中，文化资本分类里面尝试使用"普通话能力"和"英语能力"作为具体化文化资本指标考量标准之一的初衷是通过以普通话、英语为代表的语言符号功能，分析文化资本的效用，详细分析见本书第四章。

[2] 关于青年年龄的界定标准有很多，在我国对于青年群体一般多数认为是"80后"和"90后"群体，考虑到研究对象是大学生群体的思想政治教育以及CGSS数据收集的年龄范围，因此将年龄限定在17~34岁。

续表

变量类型	变量名称	变量说明
控制变量	居住地区类型	市/县城的中心城区=1,市/县城的边缘城区=2,市/县城的城乡结合部=3,市/县城区以外的镇=4,农村=5
	家庭经济状况	低于平均水平=1,平均水平=2,高于平均水平=3
	年龄	按照出生年份进行的登记
	全年职业/劳动收入	按照实际收入进行的具体数字登记
具体化文化资本	自我健康评价	很不健康=1,比较不健康=2,一般=3,比较健康=4,很健康=5
	听普通话能力	主观认为自己听普通话的能力水平,以一般为作为中位值划分标准,完全听不懂=1,比较差=2,一般=3,比较好=4,很好=5
	说普通话能力	主观认为自己说普通话的能力水平,以一般为作为中位值划分标准,完全不能说=1,比较差=2,一般=3,比较好=4,很好=5
	听英语能力	主观认为自己听英语的能力水平,以一般为作为中位值划分标准,完全听不懂=1,比较差=2,一般=3,比较好=4,很好=5
	说英语能力	主观认为自己听英语的能力水平,以一般为作为中位值划分标准,完全不能说=1,比较差=2,一般=3,比较好=4,很好=5
客观化文化资本	出去看电影	每天/一周数次=1,一月数次=2,一年数次或更少/从不=3
	读书/报纸/杂志	每天/一周数次=1,一月数次=2,一年数次或更少/从不=3
	参加文化活动,比如听音乐会,看演出和展览	每天/一周数次=1,一月数次=2,一年数次或更少/从不=3

续表

变量类型	变量名称	变量说明
客观化文化资本	现场观看体育比赛	每天/一周数次=1,一月数次=2,一年数次或更少/从不=3
	上网	每天=1,一周数次=2,一月数次=3,一年数次或更少=4,从不=5
体制化文化资本	户籍种类	农业户口=1,其他=2,非农业户口=3
	最高教育程度	研究生及以上=1,大学本科=2,大学专科=3,高中、中专及技校=4,初中及以下=5
	父亲教育程度	研究生及以上=1,大学本科=2,大学专科=3,高中、中专及技校=4,初中及以下=5
	政治面貌	共产党员=1,民主党派=2,共青团员=3,群众=4
	父亲政治面貌	共产党员=1,民主党派=2,共青团员=3,群众=4
	父亲就业状况	选取被访者14岁时,父亲的就业状态,就业=1,未就业=2
	母亲就业状况	选取被访者14岁时,母亲的就业状态,就业=1,未就业=2

(一)公平感与文化资本

公平感源于个体的主观感受,而社会公平是和谐社会的核心价值理念。

曾有学者以"蚁族"群体(即大学毕业生低收入聚居群体)为代表的大学毕业生群体进行公平感调研,结果发现这一群体的社会公平感普遍偏低,悲观态度明显。[1]可见个体对于公平与否以及公平感强度的价值判断对其成长影响深远。公平感的主观认识偏离会产生思想和行为的偏离,对在校大学生而言,这种偏离可能是个人学习生活的消极应付,可能是在人际交往中的孤僻,可能是在班团组织中的游离,甚至可能是对主流价值观的拒斥,这些都深刻影响着思想政治教育接受的效果。

[1] 廉思,张琳娜.转型期"蚁族"社会不公平感研究[J].中国青年研究,2011(6):15-20.

在思想政治教育诸多活动之中，被教育者对教育活动的公平度认可、对教育环境的强公平感认知是影响思想政治教育接受效果的重要维度。大学生在思想政治教育活动中，以常识感观对信息的理解以及以非功利的动机进行的互动都是在对公平感认可的默契中进行的主动式参与，失去了公平感的默契，思想政治教育的接受效果就会大打折扣。可以说，公平氛围的营造和维护是思想政治教育有效接受的重要保障。宣传公平、维护公平既是思想政治教育的根本使命，也是其生命和活力的根本所在。❶

通过三种形态的文化资本层面的指标构建，有助于了解青年群体的公平感判断的文化影响因素。公平感指标源于问卷选项"总的来说，您认为当今的社会公不公平"，并设置1~5分的作答分值。在青年群体公平感影响因素的logistic回归模型里，公平感是将完全不公平的发生变量以完全公平的变量为参考进行比较的，公平感模型一是研究青年群体公平感主观判断的人口学指标影响，模型二引入具体化文化资本指标，模型三引入客观化文化资本指标，模型四引入体制化文化资本指标，详细数据见表2-2。

表2-2　青年群体公平感影响因素logistic回归模型

公平感(1)		模型一		模型二		模型三		模型四	
		B(S.E)	Exp(B)	B(S.E)	Exp(B)	B(S.E)	Exp(B)	B(S.E)	Exp(B)
控制变量	性别(1)	−0.194 (0.322)	0.824	−0.232 (0.313)	0.793	−0.276 (0.306)	0.759	−0.255 (0.309)	0.775
	民族(1)	0.315 (0.557)	1.371	0.269 (0.534)	1.309	0.402 (0.518)	1.495	0.444 (0.527)	1.559
	居住地区类型(1)	−0.136 (0.447)	0.873	0.035 (0.441)	1.035	0.466 (0.439)	1.594	0.594 (0.466)	1.811
	家庭经济状况(1)	1.419** (0.555)	4.134	1.325* (0.548)	3.761	1.142* (0.545)	3.133	0.989 (0.558)	2.688

❶ 王平，辛鹏．思想政治教育关注公平的价值思考[J]. 思想理论教育导刊，2009(1)：104–106.

续表

公平感(1)		模型一 B(S.E)	模型一 Exp(B)	模型二 B(S.E)	模型二 Exp(B)	模型三 B(S.E)	模型三 Exp(B)	模型四 B(S.E)	模型四 Exp(B)
具体化文化资本	自我健康评价(2)			-2.177*** (0.597)	0.113	-2.318*** (0.609)	0.099	-2.321*** (0.626)	0.098
	听普通话能力(2)			0.754 (1.751)	2.125	0.913 (1.582)	2.491	0.993 (1.543)	2.700
	说普通话能力(2)			-0.152 (0.834)	0.859	-0.298 (0.819)	0.742	-0.311 (0.804)	0.733
	听英语能力(2)			2.816 (1.509)	16.703	2.900* (1.500)	18.178	2.762* (1.544)	15.826
	说英语能力(2)			-2.993 (2.663)	0.050	-3.342 (2.279)	0.035	-3.438 (2.131)	0.032
客观化文化资本	出去看电影(2)					-1.308*** (0.371)	0.270	-1.141*** (0.381)	0.319
	读书/报纸/杂志(1)					-0.783* (0.376)	0.457	-0.816* (0.388)	0.442
	参加文化活动,比如听音乐会,看演出和展览(2)					-0.912* (0.441)	0.402	-0.841* (0.457)	0.431
	现场观看体育比赛(1)					2.042* (1.088)	7.708	1.891 (1.053)	6.625
	上网(1)					-0.987 (0.662)	0.373	-0.956 (0.662)	0.384

续表

公平感(1)		模型一		模型二		模型三		模型四	
		B(S.E)	Exp(B)	B(S.E)	Exp(B)	B(S.E)	Exp(B)	B(S.E)	Exp(B)
体制化文资本	户籍种类(1)							-0.177 (0.371)	0.838
	最高教育程度(2)							-0.161 (0.626)	0.852
	父亲教育程度(2)							-2.848*** (0.801)	0.058
	父亲教育程度(3)							1.033 (1.121)	2.810
	政治面貌(1)							-0.082 (0.568)	0.921
体制化文资本	政治面貌(3)							0.055 (0.422)	1.057
	父亲政治面貌(3)							2.437 (1.470)	11.438
	父亲就业情况(1)							0.964 (0.661)	2.622
	母亲就业情况(1)							0.990** (0.363)	2.691
检验		Cox & Snell-R2 0.125		Cox & Snell-R2 0.150		Cox & Snell-R2 0.165		Cox & Snell-R2 0.171	
		Nagelkerke-R2 0.134		Nagelkerke-R2 0.161		Nagelkerke-R2 0.177		Nagelkerke-R2 0.184	

注:B为各自变量在模型中的系数,正负号为正反比关系的反映;括号里的S.E为标准误差;Exp(B)为优势比,是模型的OR值。表中*代表$P<0.05$,**代表$P<0.01$,***代表$P<0.001$。

模型中主要指标解释如下：

公平感：完全不公平群体（1），参照群体为完全公平群体（5）；

性别：男性（1），参照群体为女性（2）；

民族：汉族（1），参照群体为其他民族（2）；

居住地区类型：市/县城的中心城区（1），参照群体为农村地区（5）；

家庭经济状况：低于平均水平（1），参照群体为高于平均水平（3）；

自我健康评价：比较不健康（1），参照群体为很健康（5）；

听普通话能力、说普通话能力、听英语能力、说英语能力：比较差（2），参照群体为很好（5）；

出去看电影、参加文化活动：一月数次（2），参照群体为一年数次或更少或从不（3）；

读书/报纸/杂志、现场观看体育比赛、上网：每天/一周数次（1），参照群体为一年数次或更少或从不（3）；

户籍种类：农业户口（1），参照群体为非农业户口（3）；

最高教育程度：大学本科（2），参照群体为初中及以下（5）；

父亲教育程度：大学本科（2）、大学专科（3），参照群体为初中及以下（5）；

政治面貌：共产党员（1）、共青团员（3），参照群体为群众（4）；

父亲政治面貌：共青团员（3），参照群体为群众（4）；

父亲、母亲就业状况：已就业（1），参照群体为未就业（2）。

公平感模型一：模型拟合优度的皮尔逊卡方显著性较高，说明模型原假设成立，对原始数据的拟合通过检验。模型似然比检验显示，作为控制变量的居住地区类型、家庭经济状况对模型构成贡献显著，性别、民族、出生日期、全面职业/劳动收入等变量对模型构成贡献不显著。另外，年龄变量是按照出生年份进行统计的，变量全年职业/劳动收入按照具体数值进行统计，两个变量亦计入控制变量以提高模型的显著性，但由于数据较为分散，不在表中具体体现。

公平感模型二：模型拟合优度的皮尔逊卡方显著性较高，说明模型原假设成立，对原始数据的拟合通过检验。模型似然比检验显示，控制变量居住地区类型、家庭经济状况对模型构成贡献显著，性别、民族、出生日期、全面职业/劳动收入等以及具体化文化资本指标对模型构成贡献不显著。考虑到在CGSS数据中有个体认知能力（英语听说能力、普通话听说能力）共计四个测试项，故将其归入具体化文化资本的数据，并加上自我健康评价选项。[1]需要注意的是，居住地区类型（1）B指数由模型一的负值变为模型二的正值，而其他居住地区类型仍为负值，可见市/县城的中心城区的青年群体对于具体化文化资本指标的数据与不公平感倾向于正向变化关系。另外，听英语能力较差群体（2）不公平感（完全不公平）的发生比为参照类群体（很好）的16.703倍，在公平感（比较不公平）的模型中听英语能力较差群体的发生比更为显著，[2]可见具体化文化资本中以英语听说能力为代表的指标对青年群体公平感的影响是深刻的。

公平感模型三：模型拟合优度的皮尔逊卡方显著性较高，说明模型原假设成立，对原始数据的拟合通过检验。模型似然比检验显示，居住地区类型、家庭经济状况、参加文化活动对模型构成贡献显著，考虑到CGSS数据中涉及客观化文化资本的选项不多，文化活动的深层次内容还没有涉及。居住地区类型（1）B指数在模型三仍为正值，且Exp（B）指数进一步提高（1.594），可见市/县城的中心城区的青年群体对于具体化文化资本指标的数据与不公平感倾向于正向变化关系进一步明显，高出农村地区59.4%。客观化文化资本的五个指标呈现的指标不尽相同，主要考虑到青年的群体特征，阅读、关注体育比赛、上网是其文化活动中较之最为频繁的选择，所以呈现这三个指标是按照最高频次的指标进行比较分析的，尤其是体育赛事关注程度最高的群体中不公平感的发生比为参照类群体（年数次或更少或从不）的7.708倍。

---

[1] 需要注意的是，受CGSS调研问卷设计的限制，仅挑选出以上指标作为具体化文化资本的考量，但这些指标并不能完全反应具体化文化资本的效应，只是从一个角度进行描述。

[2] 公平感（2）模型中听英语能力（2）的显著性为0.002，至少符合**显著性要求，且听英语能力较差群体不公平感（2）即比较不公平的发生比为参照类群体（很好）的63.978倍，远远高于不公平感（1）。

公平感模型四：模型拟合优度的皮尔逊卡方显著性较高，说明模型原假设成立，对原始数据的拟合通过检验。模型似然比检验显示，居住地区类型、家庭经济状况、参加文化活动对模型构成贡献显著。随着体制化文化资本指标引入模型四，家庭经济状况对公平感的影响不显著。在政治面貌中，共产党员和共青团员的变动符号正负号不一致。父亲或母亲已就业群体不公平感的发生比均为参照类群体（未就业）的2.6~2.7倍之间，但母亲已就业群体的显著性更为明显，可见母亲体制化文化资本的积累对青年群体公平感的影响是更为深刻的。

在公平感影响因素回归模型的所有指标的综合影响中，以听普通话能力、听英语能力为代表的具体化文化资本对于公平感的影响最为深刻，尤其是听英语能力较弱群体的强不公平感的发生比为能力较强群体的15.826倍；以现场观看体育比赛为代表的客观化文化资本对于公平感的影响最为深刻；以父亲教育程度、父亲政治面貌、父亲就业情况和母亲就业情况为代表的体制化文化资本对于公平感的影响最为深刻。可以说，文化因素对于公平感的影响中，有来自于大学生自身应用语言能力为代表的学业成绩的影响，有来自于日常活动尤其是各类比赛主观体验的影响，[1]有来自于家庭成员及家庭环境的影响，这可以为思想政治教育的公平观念教育提供一定的思考。

（二）信任感与文化资本

国内外学者普遍接受卢曼对于“信任”一词的权威定义，即“信任是一种简化复杂性的机制，它促进了原本因执行起来过于复杂而不被考虑的行动，尤其是合作”[2]。一方面，信任作为重要的社会交往机制是大学生搭建良好人际关系与保持健康心理状态的有效保障；另一方面，大学生群体对

[1] 可以认为，大学生群体校园活动参加的各类竞赛比赛体验是影响其公平感的重要因素。

[2] 卢曼．信任：一个社会复杂性的简化机制［M］．瞿铁鹏，李强，译．上海：上海人民出版社，2005：9-10.

社会信任程度的高低关系到社会整体道德水平的状况以及未来发展的可持续性。在思想政治教育的理论视域中,对信任问题的研究本身就是一种学术研究。[1]信任感指标中的信任是社会信任,而信任感是被访者对社会关系的主观评判,强信任感推动着场域中行动者"不假思索"的行动。从文化资本层面进行的指标分析,可以有助于分析青年群体信任感影响的文化向度指标,有助于思想政治教育信任感的营造,以提高思想政治教育接受的有效性。信任感指标源于问卷选项"总的来说,您同不同意在这个社会上,绝大多数人都是可以信任的",并设置1~5分的作答分值。在青年群体信任感影响因素的logistic回归模型里,信任感是将非常不信任的发生变量以非常信任的变量为参考进行比较的,信任感模型一是研究青年群体信任感主观判断的人口学指标影响,模型二引入具体化文化资本指标,模型三引入客观化文化资本指标,模型四引入体制化文化资本指标,详细数据见表2-3。

表2-3 青年群体信任感影响因素logistic回归模型

信任感(1)		模型一		模型二		模型三		模型四	
		B(S.E)	Exp(B)	B(S.E)	Exp(B)	B(S.E)	Exp(B)	B(S.E)	Exp(B)
控制变量	性别(1)	−0.244 (0.277)	0.783	−0.264 (0.271)	0.768	−0.278 (0.273)	0.757	−0.218 (0.273)	0.805
	民族(1)	0.367 (0.391)	1.444	0.439 (0.386)	1.551	0.393 (0.387)	1.481	0.314 (0.392)	1.368
	居住地区类型(3)	−1.486** (0.525)	0.226	−1.261** (0.510)	0.283	−1.186* (0.509)	0.306	−1.231* (0.512)	0.292
	家庭经济状况(1)	1.652*** (0.498)	5.215	1.361** (0.501)	3.900	1.238** (0.502)	3.449	1.278** (0.508)	3.589

[1] 高明,等.思想政治教育信任的再研究:问题与对策[J].江汉学术,2016(0):110-115.

续表

信任感(1)		模型一		模型二		模型三		模型四	
		B(S.E)	Exp(B)	B(S.E)	Exp(B)	B(S.E)	Exp(B)	B(S.E)	Exp(B)
具体化文化资本	自我健康评价(2)	0.776 (0.784)		0.776 (0.784)	2.173	0.794 (0.793)	2.213	0.755 (0.788)	2.128
	听普通话能力(2)			−1.040 (1.303)	0.353	−0.889 (1.281)	0.411	−1.037 (1.263)	0.354
	听普通话能力(4)			1.340*** (0.354)	3.818	1.334*** (0.350)	3.798	1.291*** (0.347)	3.637
	说普通话能力(2)			0.916 (0.656)	2.498	0.934 (0.660)	2.545	1.077 (0.662)	2.935
	听英语能力(2)			2.075 (1.554)	7.964	2.229 (1.586)	9.289	2.187 (1.624)	8.912
	说英语能力(2)			−3.194 (1.755)	0.041	−3.377 (1.794)	0.034	−3.330 (1.770)	0.036
客观化文化资本	出去看电影(2)					−0.028 (0.360)	0.972	0.037 (0.366)	1.038
	读书/报纸/杂志(1)					−1.301*** (0.336)	0.272	−1.163*** (0.342)	0.313
	参加文化活动，比如听音乐会，看演出和展览(2)					0.189 (0.606)	1.208	−0.585 (0.445)	0.557

续表

信任感(1)		模型一		模型二		模型三		模型四	
		B(S.E)	Exp(B)	B(S.E)	Exp(B)	B(S.E)	Exp(B)	B(S.E)	Exp(B)
客观化文化资本	现场观看体育比赛(1)					0.960(0.763)	2.612	1.046(0.760)	2.845
	上网(1)					0.337(0.472)	1.400	0.439(0.479)	1.551
体制化文化资本	户籍种类(1)							−0.252(0.335)	0.777
	最高教育程度(2)							−0.001(0.570)	0.999
	父亲教育程度(2)							−0.223(0.805)	0.800
	父亲教育程度(4)							−0.721*(0.339)	0.486
	政治面貌(1)							−0.941*(0.463)	0.390
	政治面貌(3)							−0.260(0.376)	0.771
	父亲政治面貌(3)							2.958*(1.430)	19.269
	父亲就业情况(1)							−0.241(0.649)	0.786
	母亲就业情况(1)							−0.404(0.388)	0.668

续表

信任感(1)	模型一		模型二		模型三		模型四	
	B(S.E)	Exp(B)	B(S.E)	Exp(B)	B(S.E)	Exp(B)	B(S.E)	Exp(B)
检验	Cox & Snell-R2 0.169		Cox & Snell-R2 0.205		Cox & Snell-R2 0.221		Cox & Snell-R2 0.239	
	Nagelkerke-R2 0.183		Nagelkerke-R2 0.221		Nagelkerke-R2 0.239		Nagelkerke-R2 0.258	

注:B为各自变量在模型中的系数,正负号为正反比关系的反映;括号里的S.E为标准误差;Exp(B)为优势比,是模型的OR值。表中*代表$P<0.05$,**代表$P<0.01$,***代表$P<0.001$。

模型中主要指标解释如下:

信任感:非常不信任群体(1),参照群体为非常信任(5);

居住地区类型:市/县城的城乡结合部(3),参照群体为农村地区(5);

听普通话能力:比较差(2)、较好(4),参照群体为很好(5);

父亲教育程度:大学本科(2),高中、中专及技校(4),参照群体为初中及以下(5)。

信任感模型一:模型拟合优度的皮尔逊卡方显著性较高,说明模型原假设成立,对原始数据的拟合通过检验。模型似然比检验中控制变量对模型构成贡献显著指标情况与公平感模型相同。另外,在此模型中,家庭经济状况的影响更为显著,低于平均水平群体的强不信任感(完全不信任)的发生比为参照类群体(高于平均水平)的5.215倍。

信任感模型二:模型拟合优度的皮尔逊卡方显著性较高,说明模型原假设成立,对原始数据的拟合通过检验。模型似然比检验显示,与前述公平感模型二相比,新增听普通话能力对模型构成贡献显著,其中听普通话能力(4)变动方向相较于听普通能力(1)变化为正值,且构成贡献显著;听普通话能力较好群体的强不信任感(完全不信任)的发生比为参照类群体(听普通话能力很好)的3.818倍,而在弱信任感(比较不信任)模型中,听普通话能力一般和较好的群体均构成贡献显著，听普通话能力较好群体的弱不信任感（比较不信任）的发生比为参照类群体（听普通话能力很好）的2.529倍，听普通话能力一般群体的发生比为参照类群体（听普通话能力很好）的2.440倍。

信任感模型三：模型拟合优度的皮尔逊卡方显著性较高，说明模型原假设成立，对原始数据的拟合通过检验。模型似然比检验显示，居住地区类型、家庭经济状况、听普通话能力对模型构成贡献显著，与前述公平感模型三相比，参加文化活动对模型构成贡献不显著。体育赛事关注程度最高的群体中不信任感的发生比为参照类群体（年数次或更少或从不）的2.612倍，但远低于公平感模型（7.708倍）。

信任感模型四：模型拟合优度的皮尔逊卡方显著性较高，说明模型原假设成立，对原始数据的拟合通过检验。模型似然比检验显示，居住地区类型、家庭经济状况、听普通话能力对模型构成贡献显著，与前述公平感模型四相比，参加文化活动对模型构成贡献不显著。未在表中列出的说普通话能力（较好）变动符号为负（-0.867*），且较为显著（0.028），Exp（B）值为0.420。参加文化活动（2）首次出现负值，在弱信任感（比较不信任）模型中这种情况更为明显，参加文化活动（1）和参加文化活动（2）均为负值。现场观看体育比赛（1）与（2）符号不一致，前者为正值，后者为负值；户籍种类（1）与户籍种类（2）符号不一致，前者为负值，后者为正值。政治面貌（1）比政治面貌（3）对模型构成贡献更为显著，父亲政治面貌（1）与父亲政治面貌（3）符号不一致，前者为负号，且不显著，Exp（B）值为0.995，后者为正值，且其强不公平感的发生比为参照群体（群众）的19.269倍。

在信任感影响因素回归模型的所有指标的综合影响中，以自我健康评价、听普通话能力、说普通话能力、听英语能力为代表的具体化文化资本对于信任感的影响最为深刻，尤其是听英语能力较弱群体的强不信任感的发生比为能力较强群体的8.912倍；以现场观看体育比赛、上网为代表的客观化文化资本对于信任感的影响最为深刻，互联网使用频繁程度对信任感强度呈负相关的关系，当受教育者的上网行为更多偏好于负面新闻时，负面能量的传递会加剧大学生对于社会的不信任感；以父亲政治面貌为代表的体制化文化资本对于信任感的影响最为深刻。可以说，在文化因素对信任感的影响中，有来自于以大学生自身成长环境潜移默化影响的听说普通话能力为代表的家庭文化资本影响，有来自于日常活动尤其是互联网使用行为及偏好的影响，有来自于家庭经济状况的影响，[1]这可以为思想政治教育中大学生社会信任感的培养以及思想政治教育自身信任感的营造提供一定的思考。

（三）幸福感与文化资本

对于“幸福”一词，《现代汉语词典》给出的解释是：“心情舒畅的境遇，无忧无虑的生活。”可以说，幸福是一种持续时间较长的对生活的满足和感到生活有巨大乐趣并自然而然地希望持续久远的愉快心情。[2]幸福感既是心理状态的呈现，也是精神需要的主观表达，“在交换的边界之外，还存在着一个满足与动机的世界”[3]，这里的“边界之外”关系到人的更高精神追求，主观幸福感即为高层次精神追求的重要指标之一。罗伯特·莱恩在《市场经验》一书中认为，幸福的非金钱要素（或维度），譬如家庭生活、朋友、对自己生活的方向感和支配感、自尊等，远比物质因素（或维度）更加重要。思想政治教育本质上是对人的精神家园的观照，通过精神关怀和人文关怀，提升个体的幸福感，并促进个体的自由而全面的发展。因此，对于大学生群体的幸福观教育是大学生思想政治教育的应有之义，也是大学生思想政治教育的重要内容。幸福感是一种主观感受，源于个体在客观世界和现实生活中的实践活动，这其中文化因素发挥了极其重要的作用，从文化资

[1] 家庭经济状况低于平均水平的强不信任感发生比为家庭经济状况高于平均水平群体的3.589倍。良好的家庭经济状况使大学生具备更强的承受风险能力，对于由信任带来的风险承受力更强。

[2] 龙溪虎. 幸福观教育：思想政治教育的人文关怀维度[J]. 求实，2009(12)：92-94.

[3] ROBERT E LANE. The Market Experience[M]. Cambridge: Cambridge University Press，1991：555.

本层面了解幸福感的影响因素可以为思想政治教育开展提供文化向度的思考。幸福感指标源于问卷选项“总的来说，您觉得您的生活是否幸福”，并设置1~5分的作答分值。在青年群体幸福感影响因素的logistic回归模型里，幸福感是将非常不幸福的发生变量以非常幸福的变量为参考进行比较的，幸福感模型一是研究青年群体幸福感主观判断的人口学指标影响，模型二引入具体化文化资本指标，模型三引入客观化文化资本指标，模型四引入体制化文化资本指标，详细数据见表2-4。

表2-4　青年群体幸福感影响因素logistic回归模型

幸福感(1)		模型一		模型二		模型三		模型四	
		B(S.E)	Exp(B)	B(S.E)	Exp(B)	B(S.E)	Exp(B)	B(S.E)	Exp(B)
控制变量	性别(1)	0.333 (0.313)	1.395	0.351 (0.324)	1.420	0.384 (0.325)	1.468	0.392 (0.319)	1.480
	民族(1)	0.484 (0.553)	1.623	0.527 (0.569)	1.694	0.556 (0.566)	1.744	0.479 (0.569)	1.615
	居住地区类型(1)	1.073** (0.433)	2.923	1.341** (0.471)	3.822	1.508** (0.482)	4.517	1.623*** (0.478)	5.069
	居住地区类型(3)	1.418** (0.539)	4.128	1.565** (0.569)	4.783	1.638** (0.580)	5.144	1.647** (0.559)	5.193
	家庭经济状况(1)	2.515*** (0.644)	12.372	2.207*** (0.642)	9.091	2.110*** (0.664)	8.250	1.897** (0.656)	6.664
具体化文化资本	自我健康评价(2)			2.590*** (0.616)	13.329	2.568*** (0.634)	13.040	2.668*** (0.649)	14.408
	听普通话能力(2)			0.503 (0.995)	1.653	0.874 (1.023)	2.397	0.928 (1.020)	2.531
	说普通话能力(2)			0.696 (0.681)	2.066	0.591 (0.691)	1.805	0.612 (0.674)	1.844

续表

幸福感(1)		模型一		模型二		模型三		模型四	
		B(S.E)	Exp(B)	B(S.E)	Exp(B)	B(S.E)	Exp(B)	B(S.E)	Exp(B)
具体化文化资本	听英语能力(2)			3.230(1.904)	25.268	3.239(1.899)	25.519	3.225(1.985)	25.147
	听英语能力(3)			3.629*(1.794)	37.673	3.696*(1.788)	40.279	3.710*(1.864)	40.843
	说英语能力(2)			−5.423**(2.008)	0.004	−5.842**(2.042)	0.003	−5.487**(2.079)	0.004
客观化文化资本	出去看电影(2)					−0.912*(0.466)	0.402	−0.912*(0.457)	0.402
	读书/报纸/杂志(1)					−0.275(0.414)	0.760	−0.252(0.406)	0.777
	参加文化活动，比如听音乐会，看演出和展览(2)					−0.289(0.524)	0.749	−0.185(0.498)	0.831
	现场观看体育比赛(1)					−0.893(1.044)	0.409	−0.956(0.992)	0.385
	上网(1)					−0.054(0.531)	0.947	−0.168(0.521)	0.846

续表

幸福感(1)		模型一		模型二		模型三		模型四	
		B(S.E)	Exp(B)	B(S.E)	Exp(B)	B(S.E)	Exp(B)	B(S.E)	Exp(B)
体制化文化资本	户籍种类(1)							0.421 (0.372)	1.523
	最高教育程度(1)							1.961* (1.021)	7.109
	最高教育程度(2)							0.445 (0.715)	1.560
	最高教育程度(4)							1.331** (0.457)	3.784
	父亲教育程度(2)							−0.167 (0.932)	0.846
	政治面貌(1)							0.257 (0.567)	1.293
	政治面貌(3)							−0.618 (0.471)	0.539
	父亲政治面貌(3)							2.995** (0.967)	19.988
	父亲就业情况(1)							−0.840 (0.664)	0.432
	母亲就业情况(1)							−0.089 (0.408)	0.915
检验		Cox & Snell−R2 0.113		Cox & Snell−R2 0.108		Cox & Snell−R2 0.119		Cox & Snell−R2 0.135	
		Nagelkerke−R2 0.127		Nagelkerke−R2 0.121		Nagelkerke−R2 0.133		Nagelkerke−R2 0.151	

注:B为各自变量在模型中的系数,正负号为正反比关系的反映;括号里的S.E为标准误差;Exp(B)为优势比,是模型的OR值。表中*代表$P<0.05$,**代表$P<0.01$,***代表

$P<0.001$。

模型中主要指标解释如下：

幸福感：非常不幸福群体（1），参照群体为非常幸福群体（5）；

居住地区类型：市/县城的中心城区（1）、市/县城的城乡结合部（3），参照群体为农村地区（5）；

听英语能力：比较差（2）、一般（3），参照群体为很好（5）；

最高教育程度：研究生及以上（1），大学本科（2），高中、中专及技校（4），参照群体为初中及以下（5）。

幸福感模型一：考虑到模型数据拟合优度显著性情况，在幸福感模型中引入控制变量出生年份及全年职业/劳动收入，因CGSS数据的年龄覆盖较为全面，具体年份的样本数较平均，因此在表中不再罗列。模型拟合优度的皮尔逊卡方显著性较高，说明模型原假设成立，对原始数据的拟合通过检验。模型似然比检验显示，自变量家庭经济状况对模型构成贡献显著，与公平感模型以及信任感模型不同的是，居住地区类型对模型构成贡献不显著，而民族类别对模型构成贡献显著。性别的符号首次出现正值，而居住地类型首次出现正值，只有选项“市/县城区以外的镇”是负值，且不同居住地类型的不幸福感发生均较高，市/县城的中心城区和市/县城的城乡结合部分别为2.932倍和4.128倍。家庭经济状况对幸福感影响显著，低于平均水平群体的强不幸福感（完全不幸福）的发生比为参照类群体（高于平均水平）的12.372倍。

幸福感模型二：模型拟合优度的皮尔逊卡方显著性较高，说明模型原假设成立，对原始数据的拟合通过检验。Cox & Snell-R2和Nagelkerke-R2指数均有所下降，主要是由于家庭经济状况对于幸福感判断的影响是较为深刻的，具体化文化资本的解释指标设置还不够理想。模型似然比检验显示，民族、家庭经济状况、听普通话能力、全年职业/劳动收入等变量对模型构成贡献显著。具体化文化资本的各变量指标中自我健康评价和听英语的能力的强不幸福感的发生比远远高于其他指标，前者为13.329倍，后者随着听英语能力的不断增强而发生比显著增加，总体各指标都处于发生比影响较大的范围内。

幸福感模型三：模型拟合优度的皮尔逊卡方显著性较高，说明模型原假设成立，对原始数据的拟合通过检验。Cox & Snell-R2和Nagelkerke-R2指数较之模型一和模型二均有所上升，说明指标的解释能力有所提升。说普通话能力(1)和(2)是正值，而说普通话能力(3)和(4)是负值。模型三中客观化文化资本的各指标影响除了指标“出去看电影”外影响都不显著，且符号均为负值，说明大家在参与容易获得的文化活动方面对自身幸福感的提升没有太明显的影响，受CGSS数据库调研设置的答题项目所限，对于文化活动的分类还不够全面，客观化文化资本的影响还有待后续的专门实证调查进行深入分析。

幸福感模型四：模型拟合优度的皮尔逊卡方显著性较高，说明模型原假设成立，对原始数据的拟合通过检验。家庭经济状况中低于平均水平群体的强不幸福感(完全不幸福)的发生比倍数下降明显，在模型四中较之参照类群体(高于平均水平)仅为6.664倍，说明其他指标因素的影响稀释了家庭经济状况的影响。未在表中列出的说普通话能力(完全不能说)对于强不幸福感的影响是特别显著的($P < 0.001$)，且这一群体强不幸福感的发生比是参照群体(说普通话能力很好)的524.516倍。另外，在户籍制度影响方面，户籍种类给青年群体带来的不幸福感式微；在教育程度影响方面，最高教育程度研究生及以上群体强不幸福感的发生比是参照群体(初中及以下)的7.109倍，高中、中专及技校群体强不幸福感的发生比是参照群体(初中及以下)的3.784倍；政治面貌(1)和(3)的符号不同，前者为正值，后者为负值。

在幸福感影响因素回归模型的所有指标的综合影响中，可以明显看到显著影响的指标更为复杂，考虑到个体对于幸福的界定标准更为多元化，标准更难以统一一致，通过文化向度的指标构建进行分类梳理显得更为必要。从控制变量的指标分析就可以明显看到，几乎所有的控制变量对于幸福感的影响都有明显的群体区分，且居住地区类型和家庭经济状况的影响最为显著。相较之下，客观化文化资本作用不明显，这也反映出对于在客观化文化资本的积累过程中，参与的文化活动形式和内容多种多样，青年群体基于文化活动的幸福感体验不仅仅局限于某一种具体的活动，更多的是文化多层次复合需求形态的呈现。以自我健康评价、听普通话能力、说普通话能力、听英语能力为代表的具体化文化资本对于幸福感的影响最为深刻，尤其是听英语能力一般群体的强不幸福感的发生比为能力较强群体的40.843倍；以户籍种类、最高教育程度、父亲政治面貌为代表的体制化文化资本对于幸福感的影响最为深刻，尤其是较高教育程度的大学生群体（特别是研究生及以上群体），其强不幸福感的发生比为参照群体（初中及以下）的7.109倍，而本科生群体这一发生比仅为1.560倍。可以说，在文化因素对幸福感的影响中，有明显的居住地影响以及家庭经济状况的影响，[1]有来自个体健康状况和学业能力的影响，也有以不同教育层次区分的群体分类诉求的影响，这可以为思想政治教育中大学生幸福感教育有针对性地开展工作，并有效进行分群体指导提供一定的参考。

（四）职业价值观与文化资本

职业价值观（亦称择业观）是个体对某种职业的优劣判断以及职业对个体发展满足程度实现的内心尺度，它是个体对待职业的一种态度或信念。[2]职业导向功能是指思想政治教育为职业发展提供目标指向性或价值取向性，并以有限的社会功能促进职业社会价值的实现。职业导向是思想政治教育的内在功能，思想政治教育为职业导向提供理论支撑。[3]随着跨行业、跨组织交流的频繁程度不断增加，职业选择的无边界职业生涯

❶ 家庭经济状况低于平均水平的强不信任感发生比为家庭经济状况高于平均水平群体的14.408倍。

❷ 辛增友，等. 中国青年职业价值观初探[J]. 西南大学学报（社会科学版），2008（5）：40-44.

❸ 管素叶. 新时期思想政治教育职业导向功能的新拓展[J]. 学校党建与思想教育，2012（5）：21-22.

(boundary-less career)发展特征更为明显,即劳动力必须在组织内部的不同岗位和角色间转换,或者在不同的组织间流动。思想政治教育关于人的全面发展思想为无边界职业生涯背景下的职业价值观指导提供了强有力的理论支撑。职业价值观指标源于问卷选项“我们常常提到过一种‘普通人的生活’,在您看来,过‘普通人的生活’应该具备什么样的职业”,并设置“单位领导或企业老板”“管理人员或技术人员”“一般办事人员”“干体力活也行”四个选项进行作答。在青年群体职业价值观影响因素的logistic回归模型里,职业价值观是将倾向职业选择管理人员或技术人员群体的发生变量与选择干体力活也行群体的变量为参考进行比较的。职业价值观模型一是研究青年群体主观判断的人口学指标影响,模型二引入具体化文化资本指标,模型三引入客观化文化资本指标,模型四引入体制化文化资本指标,详细数据见表2-5。

表2-5　青年群体职业价值观影响因素logistic回归模型

职业价值观(2)		模型一		模型二		模型三		模型四	
		B(S.E)	Exp(B)	B(S.E)	Exp(B)	B(S.E)	Exp(B)	B(S.E)	Exp(B)
控制变量	性别(1)	−0.150 (0.135)	0.861	−0.025 (0.138)	0.975	−0.001 (0.142)	0.999	−0.013 (0.144)	0.987
	民族(1)	0.366 (0.220)	1.441	0.296 (0.223)	1.344	0.250 (0.226)	1.283	0.200 (0.229)	1.221
	居住地区类型(1)	0.702*** (0.163)	2.017	0.313 (0.172)	1.367	0.098 (0.180)	1.103	−0.117 (0.197)	0.890
	居住地区类型(2)	0.619** (0.216)	1.857	0.347 (0.222)	1.415	0.253 (0.227)	1.287	0.113 (0.236)	1.119
	家庭经济状况(1)	−0.509 (0.270)	0.601	−0.365 (0.278)	0.694	−0.283 (0.283)	0.754	−0.273 (0.288)	0.761

续表

职业价值观（2）		模型一		模型二		模型三		模型四	
		B（S.E）	Exp（B）	B（S.E）	Exp（B）	B（S.E）	Exp（B）	B（S.E）	Exp（B）
具体化文化资本	自我健康评价（2）			0.205（0.429）	1.227	0.265（0.437）	1.304	0.287（0.437）	1.333
	听普通话能力（2）			0.610（0.532）	1.841	0.502（0.546）	1.652	0.477（0.550）	1.612
	说普通话能力（2）			−0.367（0.335）	0.693	−0.281（0.340）	0.755	−0.235（0.342）	0.790
	听英语能力（2）			−0.284（1.078）	0.753	−0.314（1.075）	0.730	−0.041（1.110）	0.960
	说英语能力（2）			−0.298（1.171）	0.742	−0.154（1.169）	0.857	0.020（1.191）	1.020
客观化文化资本	出去看电影（2）					0.574**（0.198）	1.775	0.461*（0.202）	1.586
	读书/报纸/杂志（1）					0.391*（0.176）	1.479	0.368*（0.182）	1.445
	参加文化活动，比如听音乐会，看演出和展览（2）					0.370（0.227）	1.448	0.288（0.229）	1.334
	现场观看体育比赛（1）					−0.812*（0.415）	0.444	−0.769（0.417）	0.463
	上网（1）					0.415（0.253）	1.514	0.314（0.257）	1.368

续表

职业价值观（2）		模型一		模型二		模型三		模型四	
		B（S.E）	Exp（B）	B（S.E）	Exp（B）	B（S.E）	Exp（B）	B（S.E）	Exp（B）
体制化文化资本	户籍种类（1）							-0.125（0.177）	0.883
	最高教育程度（1）							1.224*（0.589）	3.402
	最高教育程度（2）							0.646*（0.289）	1.908
	最高教育程度（3）							0.900***（0.259）	2.461
	父亲教育程度（2）							-0.047（0.462）	0.954
	父亲教育程度（3）							0.283（0.465）	1.328
	政治面貌（1）							-0.653*（0.294）	0.521
	政治面貌（3）							-0.091（0.207）	0.913
	父亲政治面貌（3）							0.539（0.597）	1.715
	父亲就业情况（1）							-0.534（0.339）	0.586
	母亲就业情况（1）							-0.296（0.187）	0.743
检验		Cox & Snell-R2 0.182		Cox & Snell-R2 0.225		Cox & Snell-R2 0.247		Cox & Snell-R2 0.265	
		Nagelkerke-R2 0.202		Nagelkerke-R2 0.250		Nagelkerke-R2 0.275		Nagelkerke-R2 0.294	

注:B为各自变量在模型中的系数,正负号为正反比关系的反映;括号里的S.E为标准误差;Exp(B)为优势比,是模型的OR值。表中*代表$P<0.05$,**代表$P<0.01$,***代表$P<0.001$。

模型中主要指标解释如下:

职业价值观:管理人员或技术人员(1),参照群体为干体力活也行(4);

居住地区类型:市/县城的中心城区和市/县城的边缘城区(2),参照群体为农村地区(5);

最高教育程度:研究生及以上(1)、大学本科(2)和大学专科(3),参照群体为初中及以下(5)。

职业价值观模型一:模型拟合优度的皮尔逊卡方显著性较高,说明模型原假设成立,对原始数据的拟合通过检验。模型似然比检验表显示根据变量的显著性,民族、居住地区类型、家庭经济状况、年龄(出生日期)四个自变量对模型构成贡献显著,其中自变量居住地区类型最为显著,其中居住地区类型为市/县城的中心城区和市/县城的边缘城区两类群体职业选择为管理人员或技术人员的影响显著,且居住地区类型对选择一般办事人员的显著性进一步提高。

职业价值观模型二:模型拟合优度的皮尔逊卡方显著性较高,说明模型原假设成立,对原始数据的拟合通过检验。模型似然比检验显示,居住地区类型、说英语能力两个自变量对模型构成贡献显著,其中说英语能力影响最为显著。具体化文化资本自变量的出现明显削减了控制变量对职业价值观的影响。说英语能力变量中管理人员或技术人员和一般办事人员两类群体的变动符号不一致,前者为负值,后者均为正值。

职业价值观模型三:模型拟合优度的皮尔逊卡方显著性较高,说明模型原假设成立,对原始数据的拟合通过检验。模型似然比检验显示,出去看电影、读书/报纸/杂志两个自变量对模型构成的贡献显著。上网频次变量中对一般办事人员群体的影响较之管理人员或技术人员群体更为显著。

职业价值观模型四:模型拟合优度的皮尔逊卡方显著性较高,说明模型原假设成立，对原始数据的拟合通过检验。模型似然比检验显示，出去看电影、政治面貌两个自变量对模型构成的贡献显著。随着体制化文化资本自变量的出现，进一步消减了控制变量以及具体化文化资本对职业价值观的影响。父亲最高教育程度（大学本科）和（大学专科）符号不一致，前者为负值，后者为正值。上网频次变量中对选择一般办事人员群体的影响较之选择管理人员或技术人员群体更为显著（$P<0.01$），且发生比也显著提高（1.636倍）。在以教育程度为代表的体制化文化资本影响方面，最高教育程度研究生及以上群体职业倾向选择“管理人员或技术人员”的发生比是参照群体（初中及以下）的3.402倍，最高教育程度是影响最为显著的指标。

在职业价值观影响因素回归模型的所有指标的综合影响中，以听普通话能力为代表的具体化文化资本对于职业价值观的影响最为深刻；以出去看电影代表的客观化文化资本对于职业价值观的影响最为深刻，影视节目为青年群体传递着纷杂的职业讯息，出去看电影频繁的群体选择管理人员或技术人员的发生比为参照群体的1.586倍；以最高教育程度和父亲政治面貌为代表的体制化文化资本对于职业价值观的影响最为深刻。可以说，文化因素对于职业价值观的影响中，有来自于以大学生家庭环境特别是父母职业选择的隐性影响，有文化活动体验过程传递的职业讯息的影响，也有个体职业能力带来的选择差异，这可以为思想政治教育中大学生职业价值观的引导提供一定的思考。

（五）主流价值观一致度与文化资本

价值观是特定社会经济和文化历史发展的产物，同时又会对社会存在和精神生活产生巨大影响。[1]大学生思想政治教育的接受过程如何发挥中国特色社会主义文化的主流导向作用是接受效果的关键所在，也是文化自信的源泉所在。文化自信源自文化主体对本民族文化的高度认同，价值认

[1] 岑国桢. 我国青少年主流价值观及其含义、取向[J]. 上海师范大学学报（哲学社会科学版），2010(2)：60-66.

同以及信仰教育最现实的载体就是社会主义核心价值体系建设，可以通过高校思想政治教育的文化场域营造，实现社会主义核心价值观教育“生活化”的路径。我国社会经济持续发展，物质和精神生活发生深刻变化，了解并真切把握年轻一代主流价值观的状况是极为必要的。主流价值观一致度指标源于问卷选项“对一些重要事情所持的观点和看法与社会大众是否一致”，并设置1~5分的作答分值。为了更好地解释模型指标，对主流价值观一致度指标进行了相应的数据处理，将选择“非常少”和“比较少”的群体合并统称为主流价值观一致度比较低的群体，将选择“比较多”和“非常多”的群体合并统称为主流价值观一致度比较高的群体。在青年群体主流价值观一致度影响因素的logistic回归模型里，主流价值观一致度是将比较低群体的发生变量以比较高群体的变量为参考进行比较的。主流价值观一致度模型一是研究青年群体主观判断的人口学指标影响，模型二引入具体化文化资本指标，模型三引入客观化文化资本指标，模型四引入体制化文化资本指标，详细数据见表2-6。

表2-6 青年群体主流价值观一致度影响因素logistic回归模型

主流价值观一致度(1)		模型一		模型二		模型三		模型四	
		B(S.E)	Exp(B)	B(S.E)	Exp(B)	B(S.E)	Exp(B)	B(S.E)	Exp(B)
控制变量	性别(1)	0.070 (0.144)	1.072	0.029 (0.151)	1.030	0.013 (0.155)	1.013	0.075 (0.158)	1.078
	民族(1)	−0.384 (0.210)	0.681	−0.296 (0.221)	0.744	−0.298 (0.223)	0.742	−0.232 (0.227)	0.793
	居住地区类型(1)	0.224 (0.176)	1.252	0.358 (0.191)	1.431	0.371 (0.202)	1.449	0.646** (0.217)	1.908
	居住地区类型(3)	−0.854* (0.355)	0.426	−0.874* (0.373)	0.417	−0.848* (0.376)	0.428	−0.786* (0.381)	0.456

续表

主流价值观一致度(1)		模型一		模型二		模型三		模型四	
		B(S.E)	Exp(B)	B(S.E)	Exp(B)	B(S.E)	Exp(B)	B(S.E)	Exp(B)
控制变量	家庭经济状况(1)	0.144 (0.255)	1.154	0.185 (0.269)	1.204	0.280 (0.277)	1.323	0.277 (0.284)	1.319
	家庭经济状况(2)	-0.576* (0.237)	0.562	-0.492* (0.250)	0.612	-0.419 (0.257)	0.657	-0.377 (0.263)	0.686
具体化文化资本	自我健康评价(2)			0.880* (0.374)	2.411	0.710 (0.380)	2.034	0.756* (0.382)	2.130
	自我健康评价(3)			0.745*** (0.215)	2.106	0.680** (0.219)	1.975	0.707*** (0.222)	2.028
	听普通话能力(2)			0.663 (0.538)	1.940	0.570 (0.555)	1.768	0.600 (0.555)	1.823
	听普通话能力(3)			0.505* (0.244)	1.656	0.442 (0.247)	1.557	0.399 (0.250)	1.490
	说普通话能力(2)			0.883** (0.330)	2.418	0.933** (0.335)	2.541	0.989** (0.338)	2.688
	听英语能力(2)			-1.277 (0.869)	0.279	-1.131 (0.878)	0.323	-1.391 (0.923)	0.249
	说英语能力(2)			2.102 (1.339)	8.186	2.108 (1.360)	8.228	1.987 (1.430)	7.297
客观化文化资本	出去看电影(1)					1.239*** (0.355)	3.452	1.325*** (0.362)	3.762
	读书/报纸/杂志(1)					-0.169 (0.196)	0.845	-0.059 (0.204)	0.943

续表

主流价值观一致度（1）		模型一		模型二		模型三		模型四	
		B（S.E）	Exp（B）	B（S.E）	Exp（B）	B（S.E）	Exp（B）	B（S.E）	Exp（B）
客观化文化资本	参加文化活动，比如听音乐会，看演出和展览（2）					-0.326（0.242）	0.722	-0.250（0.244）	0.779
	现场观看体育比赛（1）					0.834*（0.373）	2.304	0.803*（0.376）	2.233
	上网（1）					-0.194（0.260）	0.824	-0.103（0.265）	0.902
体制化文化资本	户籍种类（1）							0.370（0.195）	1.448
	最高教育程度（1）							-0.949（0.633）	0.387
	最高教育程度（2）							-0.701*（0.325）	0.496
	最高教育程度（3）							-0.469（0.284）	0.626
	父亲教育程度（2）							-0.318（0.505）	0.728
	政治面貌（3）							-0.107（0.223）	0.899
	父亲政治面貌（1）							0.527（0.214）	1.693

续表

主流价值观一致度(1)		模型一		模型二		模型三		模型四	
		B(S.E)	Exp（B）	B(S.E)	Exp（B）	B(S.E)	Exp（B）	B(S.E)	Exp（B）
体制化文化资本	父亲就业情况(1)							−0.396（0.337）	0.673
	母亲就业情况(1)							0.067（0.199）	1.069
检验		Cox & Snell-R2 0.111		Cox & Snell-R2 0.197		Cox & Snell-R2 0.211		Cox & Snell-R2 0.223	
		Nagelkerke-R2 0.130		Nagelkerke-R2 0.230		Nagelkerke-R2 0.247		Nagelkerke-R2 0.261	

注：B为各自变量在模型中的系数，正负号为正反比关系的反映；括号里的S.E为标准误差；Exp(B)为优势比，是模型的OR值。表中*代表$P<0.05$，**代表$P<0.01$，***代表$P<0.001$。

模型中主要指标解释如下：

主流价值观一致度：非常少/比较少(1)，参照群体为比较多/非常多(3)；

居住地区类型：市/县城的中心城区(1)、市/县城的城乡结合部(3)，参照对象为农村地区(5)；

家庭经济状况：低于平均水平(1)、平均水平(2)，参照群体为高于平均水平(3)；

自我健康评价：比较不健康(2)、一般(3)，参照群体为很健康(5)；

听普通话能力：比较差(2)、一般(3)，参照群体为很好(5)；

出去看电影：每天/一周数次(1)，参照群体为一年数次或更少或从不(3)；

父亲政治面貌：共产党员(1)，参照群体为群众(4)。

主流价值观一致度模型一：模型拟合优度的皮尔逊卡方显著性较高，说明模型原假设成立，对原始数据的拟合通过检验。模型似然比检验显示，民族、家庭经济状况、年龄（出生日期）三个自变量对模型构成贡献显著，其中自变量家庭经济状况、年龄（出生日期）最为显著（$P = 0.001$）。居住地区类型（1）和居住地区类型（3）符号不一致，前者为正值，后者为负值；家庭经济状况（1）和家庭经济状况（2）符号不一致，前者为正值，后者为负值，且后者影响更为显著。

主流价值观一致度模型二：模型拟合优度的皮尔逊卡方显著性较高，说明模型原假设成立，对原始数据的拟合通过检验。模型似然比检验显示，民族、居住地区类型、家庭经济状况、自我健康评价、听普通话能力、说普通话能力等六个自变量对模型构成的贡献显著，其中家庭经济状况、自我健康评价、听普通话能力三个自变量的影响最显著（$P = 0.001$）。具体化文化资本自变量的出现，消减了控制变量对主流价值观一致度的影响，自我健康评价（3）较之自我健康评价（2）显著性大幅上升（$P = 0.001$）；听普通话能力（3）较之听普通话能力（2）显著性大幅上升（$P = 0.038$）。

主流价值观一致度模型三：模型拟合优度的皮尔逊卡方显著性较高，说明模型原假设成立，对原始数据的拟合通过检验。模型似然比检验显示，民族、居住地区类型、家庭经济状况、自我健康评价、听普通话能力、说普通话能力、出去看电影、参加文化活动等八个自变量对模型构成贡献显著，其中家庭经济状况、听普通话能力两个自变量的影响最显著（$P < 0.001$）。客观化文化资本变量的出现又进一步消减了控制变量和具体化文化资本指标的影响，在客观化文化资本指标中，出去看电影和读书/报纸/杂志相同频次选择（每天/一周数次）的主流价值观一致度比较低的发生比的变动方向不一致（前者为正值，后者为负值），且与参照群体的比例差别较大（前者显著3.452倍，后者不显著0.845倍）。

主流价值观一致度模型四：模型拟合优度的皮尔逊卡方显著性较高，说明模型原假设成立，对原始数据的拟合通过检验。模型似然比检验显示,民族、居住地区类型、家庭经济状况、自我健康评价、听普通话能力、说普通话能力、出去看电影、父亲政治面貌等八个自变量对模型构成贡献显著。体制化文化资本自变量的出现,反而提升了具体化文化资本和客观化文化资本对主流价值观一致度的影响,居住区域类型(1)对因变量的影响显著性明显提升,户籍种类(1)、父亲政治面貌(1)、母亲就业情况(1)的发生比较之参照群体要略高一些,其他指标影响效果式微。

在主流价值观一致度影响因素回归模型的所有指标的综合影响中,以自我健康评价、听普通话能力以及说普通话能力为代表的具体化文化资本对于主流价值观一致度的影响最为深刻;以出去看电影、现场观看体育比赛为代表的客观化文化资本对于主流价值观一致度的影响最为深刻,出去看电影频繁群体的主流价值观一致度较低的发生比为参照群体的3.762倍,现场观看体育比赛频繁群体的主流价值观一致度较低的发生比为参照群体的2.233倍;以户籍种类、父亲政治面貌为代表的体制化文化资本对于主流价值观一致度的影响最为深刻。可以说,文化因素对于主流价值观一致度的影响中,各类文化因素交织,思想政治教育工作者面临着更加复杂的环境。

第三章　文化资本的场域形成：大学生思想政治教育接受环境论

文化资本与场域是相依共存的，文化资本的场域形成过程也是大学生思想政治教育接受文化环境的构建过程。场域中的要素关系结构提供了思想政治教育接受的社会基础，实践性策略是思想政治教育接受的驱动力，社会主体组合内含思想政治教育接受的文化积淀，共同价值体系是思想政治教育接受的理想追求。场域的作用通过宏观、中观、微观三种环境发挥着对大学生思想政治教育接受的影响，并在场域虚实的共时存在中深刻地影响大学生思想政治教育的接受系统。

一、文化资本的场域构成

文化资本与场域是相依共存的，资本的价值体现在它所处的场域之中，行动者的资本使用策略由其在场域中所处的位置所决定；反过来，场域也离不开资本，场域只是一种网络结构，如果没有资本，空洞的结构也是没有意义的。要素关系结构、实践性策略、社会主体组合和共同价值体系是场域的动力来源，在不断的文化积淀中为思想政治教育接受提供社会基础、驱动力、文化积淀和理想追求。

（一）要素关系结构：思想政治教育接受的社会基础

"接受"作为人际精神交往活动，人类社会生活的重要组成部分，体现了人与他人、人与社会以及人与自己的种种错综复杂的社会关系，这样，作为主体的接受者在场域内的活动都是内在地嵌入现实的社会性之中的。在结构上，场域“不具有组成部分和要素”，其实质上是不同位置间的客观关系结构。“生产关系总合起来就构成所谓社会关系，构成所谓社会，并且是构成一个处于一定历史发展阶段上的社会，具有独特的特征的社会”，“资本也是一种社会生产关系。”[1]场域是深思熟虑之后创造行为的产物，而且它所遵循的规则，或更恰当地说，它所遵循的常规，并不是明白无疑、编纂成文的。在“场域”概念阐述中，布迪厄认为“场域是位置间客观关系的一个网络或一个形构，这些位置是经过客观限定的”[2]。接受活动本质上是个体与社会关系“实然”状态与运行发展的反映，马克思曾指出“意识一开始就是社会的产物”[3]，接受行为折射出个体与社会系统的融合。在结构上，场域“不具有组成部分和要素”[4]，它实际上是客观关系结构的集合，“‘现实的就是关系的’：在社会世界中存在的都是各种各样的关系——不是行动者之间的互动或个人之间交互主体性的纽带，而是各种马克思所谓的‘独立于个人意识和个人意志’而存在的客观关系”[5]。个体与社会的关系是接受最根本的内涵，马克思指出“既然是环境造就人，那就必须以合乎人性的方式去造就环境”[6]，作为整体社会组成部分的场域是各种社会关系交织形成的网络，是思想政治教育接受的社会动力来源。

---

❶ 马克思恩格斯文集：第1卷[M]. 北京：人民出版社，2009：724.

❷ 布迪厄，华康德. 实践与反思——反思社会学导引[M]. 李猛，李康，译. 北京：中央编译出版社，2004：133-134.

❸ 马克思恩格斯文集：第1卷[M]. 北京：人民出版社，2009：533.

❹ 布迪厄，华康德. 实践与反思——反思社会学导引[M]. 李猛，李康，译. 北京：中央编译出版社，2004：133、142.

❺ 布迪厄，华康德. 实践与反思——反思社会学导引[M]. 李猛，李康，译. 北京：中央编译出版社，2004：133.

❻ 马克思恩格斯文集：第1卷[M]. 北京：人民出版社，2009：335.

（二）实践性策略：思想政治教育接受的驱动力

“全部社会生活在本质上是实践的”[1]，身处社会生活之中的接受者是具有独立意识和实践能力的主体。作为处在特定历史情境中进行解释世界和改造世界的人，在接受者具有自我意识或成为自觉主体之前，他已经被其所置身其中的世界塑造着，“思想本身根本不能实现什么东西，思想要得到实现，就要有使用实践力量的人”[2]。与接受者密切相伴的文化传统、心态习俗、知识水平，特别是实践状况深刻地影响着他，预成了他的主体性或认识结构。正如马克思在《关于费尔巴哈的提纲》中所阐释的，对于对象不能“只是从客体的或者直观的形式去理解”，而应当“把它们当做感性的人的活动，当做实践去理解”[3]。吉登斯所阐述的“人的能动性发挥和社会的制度化构成，都是在日常司空见惯、看起来支离破碎的活动中实现的”[4]，可以恰当表达出场域概念中所强调的日常实践的重要意义，这与文化资本理论中场域内隐的实践含义相契合，均为人类一般的日常实践活动，而在这样的实践环境中思想政治教育实现了“润物细无声”的教育目的。文化资本中的实践策略与思想政治教育接受的有效性的关联，可以从恩格斯关于人类实践活动有效性意识的论述中得到启发。恩格斯在其一系列论述中揭示了人类有效性意识与人类实践活动产生的内在关联，他认为人类有效性意识的产生、演化是由“对影响某些个别的实际效益的条件的意识”到“对制约着这些条件的自然规律的理解”的历史进程。[5]因此，场域中的实践性策略为思想政治教育接受提供了环境中的驱动力，“意识在任何时候都只能是被意识到了的存在，而人们的存在就是他们的现实生活过程”，

---

❶ 马克思恩格斯文集：第1卷[M]. 北京：人民出版社，2009：501.

❷ 马克思恩格斯文集：第1卷[M]. 北京：人民出版社，2009：320.

❸ 马克思恩格斯文集：第1卷[M]. 北京：人民出版社，2009：499.

❹ 吉登斯. 社会的构成：结构化理论大纲[M]. 李康，译. 北京：生活·读书·新知三联书店，1998：7.

❺ 沈壮海. 思想政治教育有效性研究：第2版[M]. 武汉：武汉大学出版社，2008：12.

“不是意识决定生活，而是生活决定意识”❶。场域概念中对“实践”的阐述使用的是“pratique”一词而非“praxis”，即所指为一般的日常实践活动，是场域中行动者惯习、资本与结构的一种互动关系，在个体的无限流动中，场域始终随着为获取意义和含义的东西发生变化，并且成为一个历史的个体。一个场域由附着于某种权力(或资本)形式的各种位置间的一系列客观历史关系所构成，而惯习则由“积淀”于个人身体内的一系列历史的关系所构成，其形式是知觉、评判和行动的各种身心图式。

(三)社会主体组合：思想政治教育接受的文化积淀

文化可以通过多样化的物质载体使其由个人意识转变为社会意识，从而形成一种社会文化环境。❷每个场域都有合乎其自身特点的标准和规范，是跨越时间序列的不同时空各种力量关系的组合，在场域中资本类型得以重新划分，即呈现经济资本、社会资本和文化资本三种基本形式，❸任何形态的资本都需借助其在场域位置的明确才能得以发挥作用。马克思明确指出，“历史不是作为‘源于精神的精神’消融在‘自我意识’中而告终的，历史的每一阶段都遇到一定的物质结果，一定的生产力总和，人对自然以及个人之间历史地形成的关系，都遇到前一代传给后一代的大量生产力、资金和环境，尽管一方面这些生产力、资金和环境为新的一代所改变，但另一方面，它们也预先规定新的一代本身的生活条件，使它得到一定的发展和具有特殊的性质。由此可见，这种观点表明：人创造环境，同样，环境也创造人。”❹由于社会经济的发展，资本的形态由传统单一的货币资本、实物资本发展为现代社会多样化的资本形态，前述的资本分类扩大了马克

❶ 马克思恩格斯文集：第1卷[M]. 北京：人民出版社，2009：525.

❷ 陈先达. 哲学与文化[M]. 北京：中国人民大学出版社，2016：462.

❸ 三种形态的资本分类是布迪厄研究的分类，后来的研究中影响较大的澳大利亚学者思罗斯比是将资本分为四类：物质资本、人力资本、文化资本、自然资本，本文研究主要是从布迪厄的文化资本理论着手，因此遵循了他对资本的分类方式。

❹ 马克思恩格斯文集：第1卷[M]. 北京：人民出版社，2009：544-545.

思主义“资本”的概念，使场域空间的表象不再是单一维度，而是多元维度的，即由多元场域组成的社会空间。将文化赋予资本的形态，旨在强调个体发展中文化可化约为资本部分所蕴含的重要社会意义。以家庭教育、学校教育、社会教育等为社会主体组合的文化资本积累过程，使得思想政治教育的接受效果在文化积淀的过程中内化于人的精神系统之中。

（四）共同价值体系：思想政治教育接受的理想追求

将文化赋予资本的形态，旨在强调个体发展中文化可化约为资本部分所蕴含的重要社会意义。文化资本是人类精神劳动成果的积累和价值体现，在社会动态发展中，文化资本在资本整体构成中的比重是不断增加的。以家庭教育、学校教育、社会教育等为社会主体组合的文化资本积累过程，形成了共同的价值体系，并提供了可以在思想政治教育接受过程进行文化积淀的场域环境，实现思想政治教育显隐并重的文化熏陶作用。

价值观念是人们经过长期社会实践后在主体意识中对人与社会、自然、他人关系的一种积淀，其折射着价值主体对自身利益的强烈追求。价值主体以现实需求为出发点，在一定价值观念的指导下对场域中的各种信息进行筛选，并以价值体系强大的支撑力、内推力、规制力、整合力在场域中进行着自身的价值实践。

场域并非单纯的社会空间分割，它具有相对独立性和客观性，并内含共同的价值体系。场域中的社会关系结构既内化于行动者特定的身体结构中，又存在于场域已形成的客观环境和状态之中，这种“双重存在”形成的共同价值体系也是信仰存在的源头，场域中文化认同的最高程度是以精神信仰的形成为参考的，这也是思想政治教育有效性的现实旨归。可以借用布迪厄言语来分析共同价值体系的“双重存在”：既在场域之中，也在惯习之中，既具有边界限定的有限结构，又具有无限的历史意义；既在行动者外在的生活空间中，又在行动者内在的禀性系统中；既在外部实在的存在物（如：文化产品、仪式物件等）之中，也在内部的价值观念之中。信仰教育作为思想政治教育的重要组成部分，是从终极价值的角度对行动者日常实践进行的指导，可以说它是融入于现实生活中的潜在的理想感召机制。在场域空间中将共同价值体系在逻辑上的确信和实践上的确信统一起来，并在日常生活中不断丰富和完善这种确信。

二、大学生思想政治教育接受的场域环境

大学生思想政治教育接受的场域环境可以分为宏观、中观和微观场域环境三个部分，这三个部分场域环境实质上是共存且共同发展的，正如马克思所指出的“最一般的抽象总只是产生在最丰富的具体发展的场合，在那里，一种东西为许多东西所共有，为一切所共有。这样一来，它就不再只是在特殊形式上才能加以思考了”[1]。大学生思想政治教育接受的场域环境不仅仅停留在自在形态，它更需要向自为形态整合和发展，这需要通过主体精心构建的场域环境来体现。一方面对行动者的生活形态和领域进行整合，以形成思想政治教育接受合力，即学校、家庭、社会的三位一体，从而避免思想政治教育的接受效果被生活的多端性所消解；另一方面，表现为思想政治教育积极介入场域空间之中，自觉按照社会主导的价值体系对场域中共同价值体系进行改造和价值输入，以引导主体生活。

（一）宏观场域环境

大学生思想政治教育接受的宏观场域环境包括社会经济、政治、文化和社会心理等方面。思想政治教育的接受活动是在一定的社会支持系统下进行的，在社会支持系统之中将主流意识形态的价值引领功能融入其中，借助于社会经济、社会政治、社会文化、社会心理的力量，凝聚成强大的场域作用合力，影响着教育对象接受图式的生成和接受能力的培养，进而引导着教育对象在接受活动中做出正确的价值选择。接受的方向符合主

---

[1] 马克思恩格斯文集：第8卷[M]．北京：人民出版社，2009：28.

流社会价值的要求,就会受到来自环境的肯定性评价,反之就会受到否定性评价。社会经济和社会政治因素在思想政治教育接受活动中发挥着重要作用,主要体现在对思想政治教育接受活动的输入和输出的直接约束作用上。社会文化对思想政治教育接受的影响体现在它作为重要的环境因素参与思想政治教育接受活动的每一个环节,而且社会文化还可以凭借其影响力在空间上“超越一定经济共同体、政治共同体的地域而流传”[1],社会文化是对人类活动全过程、各领域的全面覆盖。受一定文化影响的接受主体将文化的制约性贯彻在接受过程的始终,同时接受客体信息也是一定文化的产物,打上了一定文化的烙印。社会心理是反映社会存在的一种非系统性的自发形式,把场域中行动者的社会生活状况以一定的情绪、习惯、自发倾向和信念的形式进行经验性和感性的心理层面的表达。因此,场域中的行动者在实现一些共同的心理反映的同时,还会由于阶层和利益关系的不同、拥有资本的类型和数量的不同、在场域空间位置的不同产生不同的社会心理。

(二)中观场域环境

大学生思想政治教育接受的中观场域环境包括家庭及家风文化场域、学校环境场域以及学校之外集体生活的环境场域,等等。文化资本的形成最初是源自于个体原生家庭的教育,这是其附着性状态形成的阶段,随后在学校教育方面进一步强化形成合法化的文化资本。受教育水平是体制化文化资本的重要衡量指标,从文化资本的流动视角来分析,体制化文化资本的代际流动往往可以从家庭成员尤其是父亲和母亲的受教育水平与子女受教育水平的关联中加以呈现。

第一,家庭及家风文化场域。个体成长过程中需要的文化知识、道德观念以及价值判断最初是由以父母为主要参与的家庭成员通过言传身教的方式进行传授教育的,启蒙教育对个体的思想和行为影响深刻。许多研

[1] 鲁洁. 教育社会学[M]. 北京:人民教育出版社,199:132.

究表明，家庭环境、儿童时代的经历和所接受的影响对一个人的接受图式、思想品德及接受选择的形成和确立发挥着重要的作用。作为思想政治教育接受者的大学生群体都毫无例外地置身于一定的文化传统之中，并深受传统的影响，被该传统所塑造，而传统往往就存在于家庭场域之中，多以家风文化的形式实现着代际传递。家庭场域中的文化传统不仅在大学生群体的心灵理性层次上烙下"文化密码"，而且还通过历史群体无意识的方式，将传统心理结构和心理倾向，诸如情感模式、共同信念、风俗习惯等等，积淀于心灵深处的非理性层次，从而形成个体的传统心态。换言之，每一个人是通过他的长辈们无意识的人格示范、言行熏陶，以及他本人自动的耳濡目染，来拥有特定的传统心态的。长期的共同生活形成了为家庭成员所认同的一个默契的、不假思索的行动模式库，在家庭及家风形成的文化场域中个体接受的行为培养和教育对其整个生命历程中的成长和发展都保持着深刻的影响。在现代社会中，家庭成员们似乎越来越多依赖于所谓的"有意扩大了的家庭"❶，每个少年或成年成员都有各自不同的社会支持网络和家庭以外的信息来源。越来越多场域之外的事件不断作为人的发展资源加入到家庭时空的教育场所中来，由于这些场域之外的事件常常是以不同家庭成员的行动背景的形式加入教育场所的，所以不同家庭成员开发发展资源的目标定向不仅越来越表现出外向特征，而且越来越指向不同的方向。这使得家庭时空中的教育场所的构成日益复杂，并且日益表现出非生活化的趋向。笔者曾经于2017年7月对山东某高校3638名大一新生进行调查，其中在"家风家训对您影响最为深刻的是哪些方面"的选项上，"勤俭节约""诚实守信"对大学生的影响是深刻的，超过一半以上的学生都选择的这两个选项，另外"刻苦学习""艰苦奋斗"也是选择比例较高的两项（分别为47.9%和42.2%）。家庭传统的影响是延续到大学生活中的，思想政治教育理应从传统文化的涵养中汲取接受的正能量，在潜移默化之中与学生的家庭文化相融合，从大学生日常生活中最为深刻的层面进行教

❶ 斯特劳斯．应用社会学［M］．李凡，刘云德，译．哈尔滨：黑龙江人民出版社，1992：85.

育。但是需要注意的是，这些题材的教育是大学生从小到大接受的教育中频次较高的题材，如何创新教育的方式方法、更新教育的内容，如以学生喜欢的叙事风格、表达方式加之现行流行的学生素材，使学生更愿意主动了解和接受，是大学生思想政治教育接受研究需要认真思考的问题。

第二，学校环境场域。学校能对大学生产生心理、社会、文化、道德等多方面的作用，除了教学手段影响外，主要是在学校环境场域中特别是通过文化的辐射作用，可以带来诸如模仿、顺从、舆论压力、情绪感染、规章约束、权威影响等等。这些集体心理又常常会形成集体心理动势，表现为集体奋斗目标、规章制度、学习或行为规范上，也表现在无形的舆论和集体精神面貌上。此外，学校还应创建有利于教育对象全面发展的场域环境，为教育对象的多方位实践活动提供广阔的场域空间。通过场域空间内群体环境的营造和活动内容的安排，可以使大学生群体的公平感、信任感、幸福感、职业价值观以及主流价值观一致度等得到不同程度的实现和满足，有利于其多种技能的培养和发展。杜威认为“道德教育集中在把学校作为一种社会生活的方式这个概念上，最好的和最深刻的道德训练恰恰是人们在工作和思想的统一中跟别人发生适当的关系而得来的”❶。现代学校环境场域对于文化资本的获得与再生产都具有决定性意义。

第三，学校之外集体生活的环境场域。集体生活的环境场域涵盖了两种功能，一是个体人格的次级社会化；二是个人在次级社会化过程中“嵌入”社会结构，在制度化社会体系的结构中获得自己确定的位置。❷在吉登斯的结构化理论看来，“‘结构’不仅指社会体系的生产和再生产中暗含的规则，而且也指其中的资源”❸。工作单位、学校等社会组织机构中存有的生活时空叫作“集体生活时空”❹，集体生活时空首先被置于组织权威的监

❶ 杜威．学校与社会·明日之学校[M]．赵祥麟，等，译．北京：人民教育出版社，2005：7.

❷ 布迪厄．实践感[M]．蒋梓骅，译．南京：译林出版社，2003：382.

❸ ANTHONY GIDDENS. The Constitution of Society [M]. Berkeley: University of California press, 1984: 23.

❹ 项贤明．泛教育论：广义教育学的初步探索[M]．太原：山西教育出版社，2002：363-365.

督之下，因而表现出较强的话语增殖能力，[1]这种话语增殖能力可以转化为学校之外集体生活的环境场域空间中普遍存在于行动者日常语言交往过程的“舆论”和“流言”，从而形成对行动者新的监控，并影响着行动者的生长。所以，在集体生活的时空中，舆论、流言等话语的特殊社会形态是思想政治教育中不可忽视的重要构成因素。舆论、流言等从外貌、衣着到品行、能力等诸多方面对行动者进行正确或歪曲的评价，这类评价对行动主体的发展往往具有重要的暗示、引导和制约作用。同时，学校之外集体生活的环境场域还是现代社会中的个人在家庭和学校以外扩展社会关系的重要领域。集体生活的环境场域是行动者“生活时空”的一部分，这其中思想政治教育活动的开展还应考虑到行动者的惯习对场域环境的回应。

（三）微观场域环境

大学生思想政治教育接受的微观场域环境落脚点在教育者和受教育者，是一种接受情境的营造，通过渗透的方式形成良好的教育环境，即在微观场域环境中借由特定情感的文化氛围营造，达到以情感人、以景动人的思想政治教育接受目的。大学生思想政治教育接受的微观场域环境可以体现为由文化要素构成的“文化场”，这种特定的接受情境不仅包括必需的物质条件，更主要是构成了思想政治教育主体互动的意义背景和沟通媒介。[2]“文化场”具有黏合剂功能，其所蕴含的关系质态与文化内涵促使人与思想政治教育积极“耦合”，[3]例如微观场域环境中荣誉感的营造，通过实用的方式把特定情境中适当的或可能的东西加以内在化的一系列倾向，形成思想政治教育接受的内推力；又如微观场域环境中仪式感的塑造，通过情境设置形成身份认同与组织凝聚、道德教化与价值认同、历史传承与文化传播、情绪体验与情感升华等仪式氛围，形成思想政治教育接受的支撑

[1] 福柯．性史：第1卷[M]．黄勇民，等，译．上海：上海文化出版社，1988．福柯认为监控的结果不是话语的减少，相反却导致相关的话语增殖。

[2] 罗洪铁，周琪．文化环境：思想政治教育运行的新视界[J]．马克思主义研究，2007(3)：94-98.

[3] 张耀灿，等．思想政治教育学前沿[M]．北京：人民出版社，2006：400.

力;再如微观场域环境中规则感的凝聚,利用文化规范实现场域内的制度默契,设置共识的默认边界,形成思想政治教育接受的规制力。

三、场域虚实的共时性与大学生思想政治教育接受系统

虚拟场域与实体场域的交织可以不断扩充着场域的边界。由此产生的“缺场”“错场”等问题是思想政治教育接受中需要认真对待的问题,在共性与个性的共存发展的同时,要实现对场域中行动者行为的有效规范制约。

(一)虚与实的张弛有度

人的发展面临虚拟场域人机关系和现实场域人际关系的冲突与矛盾,这同样是大学生思想政治教育接受中面临的挑战。在场域虚与实的交织中,虚拟场域中思想政治教育接受活动的存在实质上是实体场域中思想政治教育接受活动在虚拟网络空间里的延伸。“在社会生活的层面,人对环境的调适是通过‘虚构’这一媒介进行的”[1],可以这样理解,虚拟场域之中思想政治教育活动所传递的教育信息以及创造的新的思想文化都是客观真实的,思想政治教育在虚拟场域的形式表现上是虚拟的,但实质上其内容在实体场域中又是现实的。信息化时代带来场域虚实的共时性,实际上是解构了印刷文化时代文化产品的时空局限性。借助现代技术手段,使各种文化表达在主体离场的情况下也能进行形象地展示,并通过视觉冲击、实时更新、虚拟互动等方式深刻地嵌入到受教育者的精神文化生活之中。与之相对应的是教育对象接受方式的转变,从以往的“意愿的记忆”转变为“非意愿的记忆”,[2]即从原先在历史与现实的联结中进行的深入全面思考,转向由于信息技术打破受教育者内心体验的从容平静而产生的对海量信

---

[1] 李普曼.公众舆论[M].阎克文,江红,译.上海:上海人民出版社,2002:13.

[2] 胡潇.论资本逻辑与文化逻辑的价值冲突[J].江海学刊,2014(4):52-58.

息的焦点分散和选择焦虑。思想政治教育接受活动需在场域虚实之间保持一种作用力的张弛有度。参与虚拟场域互动的人源自现实社会的人，虚拟场域本质上是现实场域的反映，只是与现实社会的表达方式和表现手段各具特点。因此，既需要重视虚拟场域的影响，又不能过分依赖于虚拟场域的接受方式，真正实现线上线下教育活动同构。

（二）场域边界的设定

从对场域边界的语义解读来看，“场”代表一个有机的空间，突出空间的整体性和有序性，“域”则代表空间的边界，意味着边界所包围的空间，侧重于空间的有限性。场域交融是相对于教育对象的发展而言的，人的发展是在场域交融中实现的多样化发展。可以说，场域之间不仅是一个个可交融的空间，而且在交融中还会演变形成具有不同质的新场域。正如布迪厄所说：“社会场域可以描述成为一种由各种社会地位所构成的多维度的空间；而每一个实际的社会地位又是依据相互调整的多纬度系统而界定下来。上述相互协调的多纬度所包含的价值，是与不同的适当变项的价值相对应的。”❶在信息化的时代背景下，“人类在最短的时间内走过了最漫长的路程，人类把最大的距离抛在后面，从而以最小的距离把一切都带到自己面前”❷，思想政治教育场域除了传统边界外，场域虚拟化扩大了教育的边界，存在场域虚拟化“过度”、虚拟化“不足”、社会化不足等现实问题。虚拟场域中向心力和离心力相互作用，一方面信息流动的加速提高思想政治教育活动传递的实效，另一方面，网络的流行使场域呈现虚拟化的表象，多元文化诉求之下往往存在主流价值信仰缺失、思想政治教育影响弱化的风险。网络的联结作用亦使“在场”和“缺场”纠缠在一起，让远距离的社会关系与近距离的场域交织在一起。❸需要辩证看待虚拟场域与实体场域的关

❶ 高宣扬．布迪厄的社会理论[M]．上海：同济大学出版社，2004：137.

❷ 海德格尔．海德格尔选集[M]．孙周兴选编．上海：上海三联书店，1996：165.

❸ 吉登斯对于全球性有过类似的阐述，在此从“虚场”的角度进行了演绎。

系，“错场”往往是在社会化与虚拟化的交互中产生，具体如图3-1所示。虚拟化“过度”造成的网络非理性依赖，实体场域社会化“不足”带来的网络主体隐匿和道德失范，虚拟场域虚拟化“不足”导致网络资源的城乡差距，[1]都容易造成精神信仰的“错场”危机。

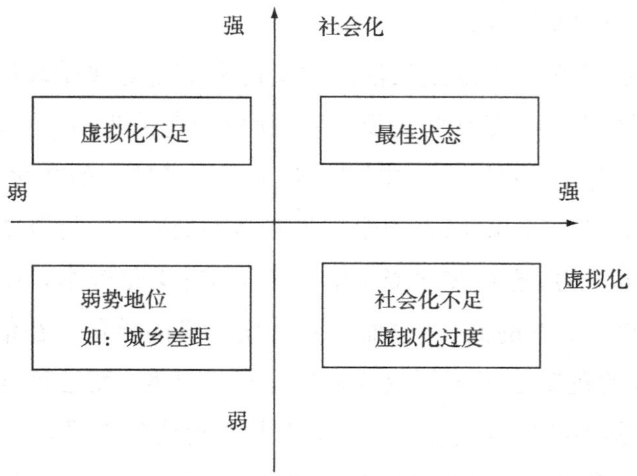

图3-1　社会化与虚拟化

（三）共性与个性共存

目前，虚拟场域边界不仅仅局限于由计算机终端、服务器等为代表物质载体连接构成的网络虚拟空间，而且已经扩展到各种信息网络技术效用“所停止作用的地方”。

一个拒绝虚拟社会生活的人，只是传统意义上的社会人，最终会导致人的片面生存与发展；而一个沉迷于虚拟社会生活的人，只能是异化与畸形的人。也正如尼古拉·尼葛洛庞蒂指出：“比特不能吃，在这个意义上比特无法解除饥饿，电脑没有道德观念，因此也解决不了像生存和死亡的权利这类错综复杂的问题。但是不管怎样，数字化生存的确给了我们乐观的理由。我们无法否定数字化时代的存在，也无法阻止数字化时代的

[1] 曾令辉，郑永廷．虚实场域交融与人的发展多重矛盾[J]．社会科学家，2008(4)：117-120.

前进。”[1]

所谓人的虚实发展是指在场域虚实交互的背景下作为完整的人以一种自觉、自由、全面的发展方式占有自己的全面本质。拒绝式的“离场”会造成片面生存发展，沉迷式的“在场”会造成异化发展，应在虚拟场域与实体场域的互动背景中思考：人的发展如何在共性与个性共存中实现张弛有度、自由而全面的发展方式。

列宁反对“简单生硬地把政治灌输给尚未准备好接受政治的正在成长的年轻一代”[2]，而吉登斯认为需要“建立比较稳定的生活习惯和生活方式，使之免于太深地陷入强迫性之中”[3]。对于虚拟场域中的文化资本，当文化发展的成果指向人时，即以人的全面发展为目标时，文化资本就能转化成一种强大的生产力，这是文化资本的正面取向；文化资本扩张带来的负面效应集中体现为资本的泛化，进而导致文化自身的异化。在信息化社会的背景下，资本的逻辑已经不再仅仅局限于经济领域，而已延伸到大众社会交往领域，以其独特的方式影响着人们对精神价值的追寻。

虚拟场域改变了受教育者的时空观念，引发了虚拟与现实的矛盾，虚拟场域所导致的受教育者思想和行为的新变化是思想政治教育接受要面对的新问题。在虚实场域共时存在的情境之下，受教育者对于生活世界与真实事件，处于一种似乎在场而实不在场、将近还远的境地。因此，接受系统中往往会出现最大“在场”与最大“缺场”的共存现象，只有在虚实之间保持适度的张力，才能避免人在现实生活中被彻底幻化与抽空。

（四）自由中的控制

虚拟场域改变了思想政治教育接受系统的生态环境，使主导性和主旋律教育面临更加严峻的挑战。虚拟交往和虚拟社区为教育对象开辟了更

---

[1] 尼葛洛庞蒂．数字化生存［M］．胡泳，范海燕，译．海口：海南出版社，1997：269.

[2] 列宁全集：第35卷［M］．北京：人民出版社，1985：422.

[3] 吉登斯．失控的世界［M］．周红云，译．南昌：江西人民出版社，2001：49.

广泛的交流空间和更为便捷的交流平台,但这也使公共领域与私人领域的边界越来越模糊。

隐匿性必然导致交往的隐蔽性,这所带来的突出问题是在现实交往中以真实身份为依托而形成的社会责任和道德规范容易在虚拟交往中失效。

人的行为一旦失去了有效的规范的制约,就会催生人的自然本性。然而,虚拟场域与实体场域并非完全割裂的,当虚拟场域中被内化的游戏规则和自我意识在实体场域得以释放时,有可能造成与实体场域中的规则约束发生冲突。当冲突过于强烈时,教育对象有可能产生急于脱离实体场域的逆反心理和行为。网络主体的平等性可以使每一个上网的人自由地发表自己的观点和想法,而且网络的开放性使信息获取变得越来越便捷,教育主体在信息获取方面的优先性已不存在,且与教育对象之间还存在大量的信息不对称。通过网络人们可以自主地选择信息,思想政治教育通过对信息的封闭带来的教育的权威性也被弱化。[1]

自由与控制是思想政治教育接受过程一直存在的矛盾关系,信息技术的发展使文化资本隐匿在虚拟场域中,实体场域中的文化资本通过信息化技术的不断更新进入到虚拟场域中,以电子书为例,其功能大大超越了"书"的原有含义,人们能够在任何时间、任何地点读到大量的书籍,特别是手机阅读这一新兴形式在近几年普及率越来越高,甚至超过了传统媒体和网络媒体,形成了依托虚拟场域存在的"读屏时代"新趋向。自主选择的软件媒体、信息数据等都是人思想和行为自由的一种表达,场域中共同的价值体系需要秩序的维护,控制在虚拟场域中显得尤为重要。在虚拟场域中信息传播的多样性,使大学生对于思想政治教育的接受行为更为复杂,教育范式从"硬性传播"转向"软性传播"显得尤为重要。

---

❶ 参见李辉. 现代思想政治教育环境研究[M]. 广州:广东人民出版社,2005:65.

第四章 文化资本的符号弱势：大学生思想政治教育接受过程论

文化资本具有语言和非语言两类符号功能，在思想政治教育接受过程中，受教育者所交流的精神内容是无形的，必须借助于符号才能理解其意义。文化资本的符号弱势带来高校场域中受教育者的个体差异，为大学生思想政治教育接受过程的分类指导提供了使用文化资本分析方法的可能。地域符号弱势可以拓宽思想政治教育中经济困难大学生群体接受活动的研究视野，性别符号差异可以在提高社会性别认知的途径探索中加强对女大学生群体的分类指导，权力符号弱势影响大学生文化资本积累的选择和能力，进而影响其职业选择和就业观的培养，可以将权力符号影响与大学生就业过程的思想政治教育相结合。

一、文化资本的符号功能

费孝通在《乡土中国》一书中指出："社会共同的经验的累积，也就是我们常说的文化，文化是依赖象征体系和个人的记忆而维护着的社会共同经验。"[1]这其中"象征体系"的主要构成即为符号。从符号学的角度来看，文化其实就是由各种符号编织起来的意义之网，传播就是连接意义之网之间的线。人类社会拥有最完整的符号体系，并将符号可以分为语言符号和非语言符号两种。无论是哪种形态，每一个符号都具有三种价值或要素，即所指性、评价性和规范性。

---

❶ 费孝通．乡土中国[M]．上海：上海人民出版社，2013：19.

(一)语言符号功能

马克思是这样描述语言的产生:"'精神'从一开始就很倒霉,受到物质的'纠缠',物质在这里表现为震动着的空气层、声音,简言之,即语言。语言和意识具有同样长久的历史;语言是一种实践的、既为别人存在因而也为我自身而存在的、现实的意识。"[1]而文字是声音语言的再现和延伸,可将其并称为语言符号体系。[2]语言是作为实践行动者惯习的一个关键性载体,发挥着一种文化资本形式的作用,并受到行动者所处场域的影响。文化资本分析把语言从形式主义视角下封闭的符号系统中解放出来,置于社会实践的场域,将其视为行动者参与场域活动的一种文化资本和构建话语权的工具。在文化资本的分析中,语言的使用是行动者场域活动中最重要的惯习之一。[3]文化资本经常会以语言形式把行动者与场域的客观关系及相互作用加以呈现,作为惯习的语言虽然只是行动者惯习的一个侧面,但是行动者的其他惯习都是通过语言进行自我表达的。在此基础上,在进行文化资本的理论分析中从政治经济学的视角,把语言交流放入市场交换活动中,作为一种市场行为。行动者通过将自己的语言惯习及其承载的社会结构(包括性别、地域差异、阶层地位等)展示给市场来获得价值,市场则利用自己的约束和监督体系来为语言产品"定价"。[4]可见,语言不仅仅是简单的交流手段,而且同时还是对整个社会结构进行再现和重构的媒介,是场域中拥有不同资本的行动者为了获取自己的利益、提升社会位置以及增加实践动能的媒介。人们的内在精神文化是通过语言实现出来的,语言本身是一种物质活动,是"震动着的空气层、声音",社会性是其最为重要的特

---

❶ 马克思恩格斯文集:第1卷[M].北京:人民出版社,2009:533.

❷ 郭庆光.传播学教程[M].北京:中国人民大学出版社,1999:43.

❸ 这也是笔者在第二章利用CGSS数据进行文化资本效用的实证分析中,文化资本分类里面尝试使用"普通话能力"和"英语能力"作为具体化文化资本指标考量标准之一的初衷,以期通过以普通话、英语为代表的语言符号功能,分析文化资本的效用。

❹ 参见何少娴,尤泽顺.建构、场域及符号权力:布尔迪厄对批评话语分析的影响[J].东南学术,2017(6):226-232.

性。文化资本的符号功能通过语言的形式可以带来行动者的符号弱势，借用伯恩斯坦的符码理论，其认为语言符号弱势会影响到学生适应学校教育以及获得学业成绩的能力。[1]具体来说，伯恩斯坦在研究中发现，语言能力较强的学生大都来自于中产阶级家庭，他们从早期的家庭生活开始接受了代际传递而来的文化资本，在语言方面进行过较为标准且系统的训练，而来自工人阶级的学生则语言能力较弱，表现出较明显的场域依存性特点。其实，相关的这类研究验证了在思想政治教育的接受过程中，会存在文化资本语言符号功能不同带来的教育对象接受水平和接受过程的不均衡。

（二）非语言符号功能

文化资本的研究拓宽了马克思的“资本”概念：“资本”指的是每个场域所特有的“资源”，人们所拥有的更多呈现出一种“符号资本”，符号资本的非语言符号功能将情境意义也包含在其内。文化资本的分析认为，在现代社会中，每一个存在的场域都有其自身对于价值的判断标准，这种标准存在于场域内的理性，并且规定了资本的作用也需要受到这些标准的约束。虽然指出语言符号的使用是行动者已形成的重要惯习，但是也有非语言符号在惯习的形成中发挥着极为重要的作用，诚如布迪厄所指出的，“完全有理由认为，在惯习的形成中，那些具有影响力的因素不是通过语言和意识，而是通过各种暗示被加以传递的”[2]。著名俄罗斯语言学家雅各布森在其核心观点中也明确指出，“‘信息’不提供也不可能提供交流活动的全部‘意义’，交流的所得，有相当一部分来自语境、代码和接触手段”“‘意义’存在于全部交流行为中，由于任何语言都包含一些其本身没有精确意义的因素”。[3]语言并不是唯一的继承性的观念体系，各种非语言的象征符体系如

---

❶ 赵红霞，樊俊霞．家庭文化资本在教育公平中的作用分析——基于实证研究的讨论[J]．黑龙江高教研究，2014(12)：10-13.

❷ 布尔迪厄．言语意味着什么——语言交换的经济[M]．褚思真，刘晖，译．北京：商务印书馆，2005：28.

❸ 霍克斯．结构主义和符号学[M]．瞿铁鹏，译．上海：上海译文出版社，1987：83-84.

仪式和习惯、徽章和旗帜、服装和饮食、音乐和舞蹈、美术和建筑、手艺和技能、住宅和庭园、城市和消费方式等等都包括在其中,这些象征符体系在人类生活的各个领域都可以找到。[1]可以说,符号资本是一种"被否认的资本",它掩盖与它相关的潜在的"利益"关系并赋予它们以合法性。

(三)文化资本的符号功能与思想政治教育接受

在思想政治教育接受过程中,受教育者交流的是精神内容,但精神内容本身是无形的,必须借助于符号才能理解其意义。思想政治教育接受主体只能借助于符号才能理解接受客体的意义,因此,接受活动也可以说是一个对符号进行解读的过程,是对接收到的符号加以阐释和理解,读取其意义的活动。思想政治教育的接受过程是行动者以象征符号为外观的思想文化客体的认识活动。符号权力不仅仅是存在于精神和思想中的观念幻想,实际上它点点滴滴地渗透在行动者的具体实践活动中。在相对独立的场域空间中,转化为独特的场域逻辑,从而实现对行动者的区隔、筛选和规训。文化资本就是在不断复制和模仿中转换为现代性的符号资本。文化资本的符号功能是将秩序中的习惯和规范解释为一种"连续的传统",通过规范和标准的契约化渗透于生活各个领域,社会的生存空间和话语空间通过文化资本进行建构和表达,而教育在其中就成为空间里的转换中介。文化资本的符号功能可以将社会的主流价值观念有意识或无意识地表达,并转换为认知图式,在大学生群体的心智模式中形构着个体的社会化。文化资本生产场内部同样存在着对文化符号权力的争夺,文化生产场中各种力量、位置总是处于争夺权力的战争中,争夺的目标是定义文化的支配权,并在社会空间通过加强或削弱主流文化认同,形成加强或弱化思想政治教育接受效果的力量。思想政治教育的接受对象因不同性别、不同年龄、不同职业、不同民族、处于不同社会层次等差别就有不同的群体特点,这样不同群体对思想政治教育的需要和接受方式就是多种多样的。接受者群体

[1] 郭庆光. 传播学教程[M]. 北京:中国人民大学出版社,1999:45-46.

可从年龄、性别、民族、地域等多种人口学特征进行群体划分,他们拥有各自不同文化资本特质和积累,体现出了不同的心理模式和接受反映行为。美国文化人类学家C. 吉尔兹定义文化即“人类为了传达关于生活的知识和态度,使之得到传承和发展而使用的、以象征符形式来表现的继承性的观念体系”[1]。由于象征符号体系是作为“继承性的观念体系”来确立的,其通过形成文化秩序也会反过来制约社会生活和人的行为。[2]场域的惯习往往是以“缺场”的假象对弱势群体产生潜在和持久性影响,并容易被忽视,从而具有更大的影响力。我国高等教育场域中的各种竞争压迫是高校弱势群体生成的根本原因。高校教育体系亦属于一种特殊的场域,是由各种客观关系组成的具有自身逻辑和必然性的空间,它有自身的生存条件和运行机制,并对参与其中的个体或组织自主产生较强的约束力。大学生思想政治教育场域也是一个相对自主的社会空间,拥有自身独有的话语体系,在一系列客观关系的场域构成中遵循着自身的运作规律、逻辑思路以及发展轨迹。由于学校教育是通过诸多复杂的因素和环节合作实现的,因此大学场域本身就是一个错综复杂的关系网络空间,并且文化资本作为所涉及的关键资本类型,其符号功能的发挥不容忽视。在教育场域之中,符号化的存在是伴随着日常教育随处可见的,譬如在班级公开场合中,凡不便以姓名直接呈现的事件(如综合素质测评、经济困难认定等)就会自然而然以编码符号(如学号)方式间接呈现。在出于为了降低学生压力、减缓焦虑情绪、尊重个体隐私的考虑下,设计了让符码与数据“见面”的方式,而基于有效疏导学业困难学生群体的考量,教育者还需要对符码采用“随时提取”的技术,在非此即彼的方式中,思想政治教育的分类指导或许是在这种两难境地中恰当的“第三条道路”,对思想政治教育接受的许多假定就深深地体现在“教育是人所共知的”这种制度化的框架中。[3]在以符号权力为切入点

[1] 转引自吉尔兹.文化的解释学:日译本1版[M].东京:岩波书店,1987:251.

[2] 郭庆光.传播学教程[M].北京:中国人民大学出版社,1999:54.

[3] 麦克·F. D. 扬.知识与控制——教育社会学新探[M].谢维和,朱旭东,译.上海:华东师范大学出版社,2002:14.

的不同场域之间,“入场”与“缺场”都会存在劣势,由于代际传递带来的文化资本不均衡的入学弱势会影响到“入场”,争夺导致弱势群体产生(学生通过考试表现出来的知识能力以及学生在成长过程中受到来自于家庭的影响,如思维方式、学习能力、认知水平等等),受到场域结构和边界所限等因素带来的场域对外能力不同所造成的“缺场”亦会导致弱势群体产生;在以符号权力为切入点的同一场域之中,“在场”与“离场”都会产生不同的弱势群体,在高校场域中由于受教育者个体存在差异,“在场”导致另一类弱势群体产生(如在心理状态、经济生活、学业成绩、社会交往等方面),部分传递了“入场”的弱势,高校场域“离场”转接中的就业弱势(如综合竞争能力缺失、文化资本缺位、其他资本“兑换”缺乏等)亦会产生弱势群体。

二、地域符号弱势与思想政治教育分类指导过程

(一)文化资本的“地域符号”差异

不同地域上的文化也存在着差异性,这一点从英国著名史学家汤恩比的巨著《历史研究》中就可以找到答案。他把人类文明史分成二十一种,其中重要的分类标准就是地域,譬如印度文明、埃及文明、阿拉伯文明等,就是一些地理性概念。[1]不同文化的地域区隔会对接受者形成一种信息的过滤,这里面的过滤有可能是正向过滤即过滤掉成见,也可能是负向过滤即过滤掉本该接受的信息。由于行动主体的日常位移通常都是在室外较大范围的地域空间中进行的,所以轨迹空间中人的发展资源的分布状况还直接与周围地域社会的自然环境和人文环境密切相关。在前现代社会,空间和位置大都是相同的意义所指,因为对大部分群体而言,他们社会生活的空间维度多数情况都是受“在场”的支配,即地域性活动的支配的。由于现代性的出现,空间可以从位置分离出来,远离面对面的位置上的互动,而

[1] 姚玉珠.资本潜力论[M].合肥:中国科学技术大学出版社,2003:121.

"缺场"依然可以通过各种其他要素的培育使远距离的空间参与也成为可能。场域内的三种文化资本作为不同的力量交织在一起,彼此影响,并提供了彼此间可以转化的可能。场域与惯习的相互作用之中,文化资本对于接受过程的分层和传播起到基础作用,它以具体化、客观化、制度化三种形态影响着场域中个体的惯习形成与传递。接受活动与文化间的交互作用,说到底是文化资本在其中发挥了显性和隐性交织的作用。场域中通过文化资本积累而进行的接受活动,关键在于行动者的文化理解能力与文化商品消费的合拍,如此才能使受众者真正提高接受效果。

(二)地域符号弱势影响下的大学生文化资本积累

经济困难大学生群体在文化资本积累中相对薄弱,面临"城市强势符号"的尴尬,"身体化"文化资本方面存在能力上的欠缺,"客观化"文化资本方面存在文化消费的匮乏,"制度化"文化资本方面存在规范与制衡的欠缺,思想政治教育工作需要从三种形态的文化资本方面入手进行系统思考和分类指导。乡村地域文化中原本蕴藏着丰富的教育资源(乡土文化,即与农村大学生经验相契合的地方教育文化),个体身处农村和身处城市的不同视野决定了文化能力培养的选择方面也有不同的决策视野,这引导大学生在特有文化指导下的投资。

1."身体化"的文化资本缺失:能力欠缺

费孝通先生曾做过这样的经典阐述:"我们社会结构的格局不是一捆一捆扎得清楚的柴,而是好像把一块石头丢在水面上所发生的一圈圈推出去的波纹。每个人都是他社会影响所推出去的圈子的中心。"[1]波纹所推及的联系包括亲缘和有限的地缘熟悉关系,但是向外扩散是"愈推愈远,也愈推愈薄"[2]。在这种差序格局的社会结构中,经济困难大学生群体的社会资本极其有限,导致其发展缺乏必要的内外部资源支持,在受到贫困社会关

[1] 费孝通. 乡土中国[M]. 上海:上海人民出版社,2013:25.

[2] 费孝通. 乡土中国[M]. 上海:上海人民出版社,2013:26.

系和贫困文化的双重制约下，能力发展和提升更为欠缺。目前，经济困难大学生群体长期特有的内倾型的人际交往方式(存在感较低、交往意识不强烈、参与意识不高)、语言习惯(包括地方方言、口音等)、价值理念(如竞争意识、独立观念不强等)都是"身体化状态"文化资本的具体内容。另外，大多数经济困难大学生群体来自于农村，现实生活中城乡分割的外显或隐蔽的分界标志的"文化屏障"也成为他们文化资本积累的屏障。处于中国城乡二元化的户籍管理体制下的农村家庭，仍处于极其弱势的地位，他们接受教育的条件差异、渠道阻塞和机会不均等极大地制约着其文化资本的正常获得。

2."客观化"的文化资本缺失:文化消费匮乏

对缺乏社会资本和经济资本的弱势群体来说，要获取较高的社会地位，只有也只能通过文化资本的积累这条途径。经济困难大学生群体的文化产品消费匮乏的原因多样，主要有以下三方面:其一是家庭的经济收入条件;其二是消费的信息不对称和消费平台不完善;其三是文化消费的选择能力欠缺。例如当下大学生群体中存在的"考证热"现象，表面的理性中透露着冲动，很多选择都是盲目的"随大流"，在越来越注重个人能力的社会环境之中，正规的资格证书成为值得信赖并得到体制保证的文化资本，与个人未来的货币收益存在一定程度的正相关性，并给个人带来许多非市场收益(如技术资格、福利、健康、职业阶梯等)，但事实上，证书只是真正专业知识技能的衍生物。尤其是在面临大学毕业后严峻的就业形势的情况下，随着职业选择的临近，大学生开始用比较现实的态度来看待即将步入的社会，衡量究竟哪种资格证书有利于体现能力、帮助求职，尤其是文科大学生群体，如商务英语证书、雅思或托福成绩证书、托业(TOEIC)成绩证书、人力资源资格证、注册会计师证书等考试的人数众多，证书所承载的文化资本积累之下很少有人长远考虑这样的投资是否适合自身的兴趣、知识结构和成才发展需求，这意味着不少人为了获得证书而在教材购买、考试报名、来往路费等方面投入了大量经济成本和时间成本，这对于经济相对拮据的大学生群体而言无疑是雪上加霜,并且还要在勤工俭学和专注考证两者间面临两难选择。

3."制度化"的文化资本缺失:规范与制衡

任何一种文化制度建设都是在"传统"基础上的改写与创新,马克思在《路易·波拿巴的雾月十八日》中对此表述如下:"人们自己创造自己的历史,但是他们并不是随心所欲地创造,并不是在他们自己选定的条件下创造,而是在直接碰到的、既定的、从过去继承下来的条件下创造。一切已死的先辈们的传统,像梦魔一样纠缠着活人的头脑"[1]。在现代知识经济的社会中,由于知识与文化成为一种权力,所以也就成为布迪厄所说的文化资本,有研究认为,中国的教育中存在着文化再生产现象,它使大多数农村孩子被教育淘汰而返回农村,并最终形成两个封闭的循环圈(城市优势文化圈和农村劣势文化圈),在此基础上得出结论:教育中的文化再生产最终形成社会再生产,强化了中国城乡教育中存在的二元结构。由此,身处农村和身处城市的不同视野决定了文化能力培养的选择方面也有不同的决策视野。大学生进入高校前,家庭教育是其累积文化资本的主要渠道,用布迪厄场域的观点来看,家庭背景的差别使得家庭教育的场域也各有不同,使得学生从父辈代际传递下来的文化资本也各有不同。进入高校以后,对于尤其是对贫寒子弟而言,其文化资本与主流文化有一定差距,其学业压力较之其他学生会在无形中提升,人们在教育的合法形式下,并不会把学业成就的高低归因于文化资本积累的起始不平等,而是归因于学生自身的努力与否。基于此,在经济困难大学生群体思想政治教育方面,应重视其惯习的不同,减少教育场域与其以往生活场域间的差异,[2]制衡教育中文化再生产可能产生的负面效应,提高思想政治教育接受的有效性。

---

[1] 马克思恩格斯文集:第2卷[M].北京:人民出版社,2009:470-471.

[2] 戴卫义,黄金结.大学生思想政治教育的场域探析[J].江苏高教,2015(1):117-120.

(三)地域符号弱势与经济困难大学生群体的思想政治教育

一般而言,人力资本投资分为教育投资、健康投资和技能投资三个主要部分,这与“身体化”文化资本存在不同程度的契合。在信息化的背景下,大学生就业出现了更多不确定性,尤其是出现了跨越组织界限的无边界职业生涯趋势。[1]人才培养在强调以往的知识技能和学历文凭外,[2]更为注重人格品质、环境适应能力和自主学习能力的培养。经济困难大学生缺乏自信、畏惧社会交往的心理困顿往往加剧了成长困境,造成困境的深层原因源于惯习与他们身处的实践场域间无意识的契合,并深刻地寄居在社会化的身体内部。[3]在“身体化”文化资本积累方面,高校思想政治教育工作者,一方面要帮助经济困难大学生塑造健康的心理品质和人格品质,加强其技能转移和提高,另一方面,要重视社会实践在场域融合和转化中的重要作用,在社会实践中调适惯习,对接已有的文化资本,进而通过知识迁移积累出新的“身体化”文化资本。

知识经济的发展使产业机构深度调整,文化产品的比重提高,按照马斯洛的需求层次理论,人们基本需要得以满足之后向更高生活品质和需要维度扩展,人不仅有基本的生理需要和安全需要,还有高级的审美、娱乐、益智、归属、情感、自我实现等多层级的精神性需要。布迪厄曾指出:“行为者的力量大小、收获利益的大小,与他们所拥有的客观化的资本以及具体化的资本的多少成正比。”[4]客观化文化资本是作为“历史、符号的物质载体”[5],围绕于被教育者周围,直接或间接影响其观念。在客观化文化资本积累中要注意信息化时代中网络场域的作用,对于经济困难大学生群体,

---

[1] 1994年Arthur在组织行为杂志(Journal of Organizational Behavior)的特刊上首先提出了无边界职业生涯概念,1996年进一步进行了修正和丰富,在理论界和实践界产生广泛的共鸣。

[2] 卢保娣.场域与惯习:大学生学习的生成性动力机制分析[J].高教探索,2014(5):137-141.

[3] 胡纵宇.大学场域中的生存异化——贫困大学生成长境遇的社会学分析[J].湖南师范大学教育科学学报,2013(5):90-95.

[4] 薛晓源,曹荣湘.全球化与文化资本[M].北京:社会科学文献出版社,2005:12-13.

[5] 宫留记.资本:社会实践工具——布尔迪厄的资本理论[M].开封:河南大学出版社,2010:137.

网络场域是更为复杂的，一方面互联网、智能手机加快了信息的传递，这其中信息也是良莠不齐的，另一方面网络的频繁使用对学生科技手段的掌握、科技产品的更新、网络文化的甄别和融合都提出了新要求，这也使得思想政治教育环境更为多样化、复杂化。经济困难大学生群体在信息化时代，或多或少都面临着信息不对称的尴尬，在高校中应注意实效性和长效性的结合以及显性课程与隐性课程的结合，将网络应用技术、信息检索技术等实用技术有针对性地纳入显性课程教育之中，与此同时，将信息意识、信息观念、信息道德和信息法规教育嵌入思想政治教育之中。

大学生在经历了高等教育之后，终归是要走进社会的，"体制化"文化资本通常是社会筛选的重要标准，也是个人未来职业和收入的重要决定因素。经济困难大学生在面临经济困顿压力的同时，往往也面临学业困顿和心理困扰，在面临重要选择如专业选择、未来方向(就业还是考研)、就业方向等方面考虑更多的往往不仅仅是个人成长，而是综合了家庭、个人等多方面考量，在部分农村地区存在着家庭面临选择往往倾向于请教村里的"明白人"以获取更多的社会支持和文化信号的现象。因此，对于经济困难大学生而言，其面临的职业生涯规划往往具有更多的个体化特点，与学生所根植的家庭环境、村庄文化、社会资本有很大的关联，职业生涯理论强调人与外界环境、他人、就业组织、社会流动之间的互动调整，是期望获取最大效益的最优选择集。对于大学生群体而言，最优的职业发展路径是基于个体能力发挥、所获专业知识、家庭文化环境、学校文化教育和社会文化环境构造一种动态的优化，在实现教育场域公正的同时，需要重视经济困难大学生群体早期的家庭文化资本积累基础，建立学校教育、学生个体、家庭教育之间必要的关联，帮助弱势群体获得适合个体发展的职业生涯规划，这也是今后高校思想政治教育工作面临的重要问题。

三、性别符号弱势与思想政治教育分类指导过程

(一)性别角色与社会性别认知

社会性别是后天的即文化的产物,不是先天就有的。尽管性别的影响作用最终是由环境所决定的,但这种性别的社会痕迹一旦形成之后,它就会有自己的独立作用。文化资本分析以社会性别为视角研究性别符号弱势带来的社会问题时指出,“女大学生即便进入了高等教育领域,但其未来从事的职业(主要为教育、护理、服务)依旧是女性传统家庭领域活动在社会公共领域的延伸,这些职业的社会地位与经济收入均较低”[1]“其教育方面的直接原因就是女大学生所选择的专业及其文凭的职业效益”[2]。通过家庭、学校和社会三者互动下的传递,用文化的力量培育现代公民、整合社会,有关社会教育在文化中的重要性,美国学者迈克尔·波特做出如下论证:它“有助于竞争力的政策和行为是什么,现在已比较好地为人所知,可是问题在于怎样才能让人们真正接受它们。因此,在经济发展中,一项重大的任务在于教育,让人民理解现代经济,看清自己在现代经济中的作用,并了解社会中其他群体的行为对他们的利害关系”[3]。社会性别是社会历史文化对男女两性行为的不同规范和期待。人们的社会性别意识是性别符号在社会化过程中通过潜移默化的作用逐渐形成的,社会对不同性别群体的行为期望不仅影响到女性群体的角色定位和职业选择,同时也会影响公众对女性角色和定位的认同。学者李亚妮分析了劳动力市场中影响供需两方的社会性别因素,认为女大学生就业问题不仅仅是劳动力市场上的供求问题,更重要的是社会性别问题,而且是积累性的社会性别问题。可

---

❶ 布尔迪厄.男性统治[M].刘晖,译.深圳:海天出版社,2002:130.

❷ 布尔迪厄,帕斯隆.再生产:一种教育系统理论的要点[M].邢克超,译.北京:商务印书馆,2002:196.

❸ 亨廷顿,哈里森.文化的重要作用——价值观如何影响人类进步[M].程克雄,译.北京:新华出版社,2002:54.

以说,性别符号区隔产生的一个重要原因是个人在社会化过程形成的社会性别的意识和社会对男女两性不同的角色期待。由于传统社会性别观念中女性要投入更多的精力在家庭内部事务的管理上,女性家庭照料压力较重,其文化资本再生产即文化资本的扩大和积累是与男性有差别的。大多数女大学生对社会性别问题的认识停留在社会经验感知阶段,对社会性别问题缺乏相应的分析能力,这决定其在职业认知以及职业规划方面的局限性。

(二)文化资本的“性别符号”差异

“性别符号”属于文化(观念文化)的范畴,观念的形成不仅仅依靠外部的“嵌入”机制(如学习、借鉴或模仿复制),而是主要通过内部的“自生”机制。母亲(女性)家庭照料时间不同导致文化资本作用程度的差异,女性劳动参与时间的变量是基于在中国传统家庭结构中尤其是农村地区,女性承担了主要的家庭照料活动,母亲的劳动参与对儿童福利是有影响的,可能会长期对下一代的文化资本积累或文化资本代际传递造成影响。社会性别是在社会制度影响下有别于生理性别的后天形成的性别特征,即由生理决定并在社会制度制约中形成的对男女特征的角色定义和要求,这种后天形成的性别差异在社会的文化制度、分配制度、经济制度和政治制度等影响下以及个人社会化过程中得以继续传递和巩固。在社会化过程中,对社会性别意识的强化以及对男女两性在家庭和社会中不同的角色期待是女性劳动力在就业市场处于劣势的原因之一。需要注意的是,个体身处的场域差异对其社会性别认知有较为明显的影响,在个体社会化的过程中鼓励女性顺从和注重表达的惯习,以及社会结构中受符号、语言和文化潜移默化的形成的场域差异促成了社会性别的差异。

(三)性别差异场域与女大学生群体的思想政治教育

以社会性别为视角审视文化资本劣势带来的性别区隔问题。性别差异是在社会文化构建中形成的。[1]社会性别实际上是社会文化对性别差异的理解，并由此在社会文化观念中形成的不同性别的群体表征和行为特点，基于此不同性别群体在社会生活中被要求依循所期望和认同的角色特质和行为方式进行活动。弗里德曼(Friedman)认为："在整个西方哲学史上，我们发现政治理论家都在进行这样的区分：把据说是妇女的家庭生活所要求的直觉、情绪和特殊气质，与据说是男人的公共生活所要求的理性、公平和不带感情的思维区分开来。道德在性别上的分界线上被分离成了'不同的道德劳动'……不同性别就与不同的道德任务发生了关系。正义与权利构成了男性的规范、价值和品德，而关怀和责任则界定了女性的道德规范、价值和品德。"[2]文化资本是通过不同教育活动传递的文化物品，在一定条件下，这些文化资本可以转化为经济资本，并可以通过教育证书的形式予以制度化。[3]研究发现，我国当前的高等教育业已形成所谓"男性学科"和"女性学科"，[4]即在语言文学、历史、艺术、教育及医学等人文社科学科专业，女生比例远远高于男生；而在物理、工程、数学、计算机技术、化学等自然学科专业，男生比例远远高于女生。女生在高等教育学科和专业中的分布，是她们在劳动力市场上和收入上的缩影，相比之下"女性学科"在劳动力市场上普遍处于弱势地位，女性高等教育的状况限制了她们参与社会的条件、资格和能力。社会性别意识的强弱与深浅，不仅关系到女大学生自身未来的平等参与和发展，而且还将影响到成千上万的未成年人的发展。在高等教育的场域之中要改变性别符号弱势带来的场域差异，需要在课堂上传授正确的社会性别观念，开设"社会性别意识"课程，以改变传统的社会性别刻板印象和性别偏见，使得高校学生特别是女大学生都能接受到全面、科学的知识体系，提高学习和创新能力，并从社会性别的角度，明确适

---

[1] 郑新蓉．性别与教育[M]．北京：教育科学出版社，2005：37.

[2] 金里卡．当代政治哲学[M]．刘莘，译．上海：上海三联书店，2004：711.

[3] 杨善华．当代西方社会学理论[M]．北京：北京大学出版社，1999：284.

[4] 这一现象并非我国所特有的，从全世界范围的高等教育来看，已形成一些"女性主导"的学科与专业领域，不同国家"女性学科"虽略有差别，但女性数量很少的专业各国几乎相同。

合自己性别的发展方向，获得必要的发展帮助和生活帮助。思想政治教育接受过程的分类指导中，可根据女大学生自身的特点、特长和兴趣，突出女大学生群体自身的特点，围绕学涯规划、情感教育、心理压力释放、职业生涯规划等重点领域进行独具特色的有针对性的"个性"教育。

四、权力符号弱势与思想政治教育分类指导过程

（一）文化资本的"权力符号"

文化资本的分析涉及大量的资源，例如符号的熟练运用、一般的文化意识、审美偏好、教育文凭等方面，其目的是为了表明文化（这个在术语的最为宽泛的意义上）可以成为一种权力资源。[1]为了传授系统的知识，职业确定了一些制度化的途径（日程表、标准化的课程体系、精心设置的授课程序和考试），从而支撑起某种亚文化。不仅如此，这种必定是系统性、教条性的社会化活动还会形成一种共同话语，培养起对布迪厄所谓"基本信念"的忠诚，即接受某种人为的干预领域，接受某种语言以及接受某些合法提问、合法寻找答案的问题。[2]文化资本实际上是延续了阶级间的不平等。通过一系列的筛选运作，它分离了文化资本持有群体和文化资本缺失群体，进而区分出由于文化资本不均衡而形成的能力差异，而教育系统倾向于选择维持原有的社会差异。文化资本延续着阶级间的差异，更加深了文化资本缺失或匮乏群体的相对弱势处境。凭借文化资本的代际传递（由家庭所获得的）以及文化资本的习得（由学校教育所提供的），阶级之间的差距特别是文化层面上的差异由家庭延伸到学校。在马克思看来，积累过程中的资本越多，资本所拥有的"客观权力"也就越大，而且这种客观的存在不仅仅简单概括为经济权力，其逐渐渗透到现代社会的各个领域之中，并

---

❶ 斯沃茨．文化与权力：布尔迪厄的社会学［M］．陶东风，译．上海：上海译文出版社，2006：50.

❷ 雅各布斯、汉拉恩．文化社会学指南［M］．南京：南京大学出版社，2012：274-275.

且突破了地理位置的限制，成为一种“世界性的权力”❶。

（二）大学生群体职业选择中的符号弱势

从区域划分角度看，我国劳动力市场可分为东部和西部。高校毕业生从东部向西部的转移中面临诸如“失落感”等心理方面的压力和工资低、待遇差、难以收回教育投资等方面的成本代价，东西部劳动力市场的分割严重影响了人力资源的合理流动，高校毕业生宁可选择在东部劳动力市场上失业，也不愿选择在西部市场就业。从城乡划分角度看，我国劳动力市场可以分为城市劳动力市场和小城镇及广大的农村劳动力市场。目前，我国仍处于经济发展初级阶段，不同地域间的经济文化发展不均衡，两种劳动力市场存在许多差别。如果两种劳动力市场不存在分割，高校毕业生能够很方便地在大中城市和小城镇及农村市场间流动，那么其在毕业时如果难以在大中城市就业，基于理性选择他们愿意先暂时选择在小城镇及农村市场就业。但一些严格的体制性障碍，如户籍制度、社会保障制度等，限制了大学生的自由流动，造成其一旦选择小城镇及农村劳动力市场，就需要付出很高的工作转换成本以实现在不同劳动力市场间的流动，加上大学生对于选择小城镇及农村市场就业存在心理压力（如失落感、孤独感等），这些造成了其择业困境。从职业等级角度看，存在高等教育水平的劳动力市场和中初等教育水平的劳动力市场。由于高等教育水平的劳动力市场有较强的专用性人力资本要求，而大学生所具有的人力资本并不会自然保值，大学生如果就业时选择中初等教育水平的劳动力市场，其专用性的人力资本就会长期处于闲置状态，最终将逐渐贬值。当其将来想要向高等教育水平的劳动力市场流动时，由于专用性人力资本的丧失，其不具备核心竞争力，依然难以进入高等教育水平的劳动力市场。在这种情况下，高校毕业生的选择往往是放弃在中初等教育水平劳动力市场的“锁定”，继续选择在竞争异常激烈的高等教育水平的劳动力市场择业，失业风险大大增加。

---

❶ 俞吾金．传统重估与思想移位[M]．哈尔滨：黑龙江大学出版社，2007：460.

(三)权力符号差异与思想政治教育的职业观培养

每一个人又都是以特定社会角色的身份在各种复杂的社会关系中从事自己的活动,体验着他所阅历的一切,因而也会形成他某种独特的心理定式和模式,如人生信念、职业兴趣等等。当它们潜入主体的意识深处,也就构成了主体的现实性心态。文化资本分析将文化再生产机制的研究扩展到社会文化再生产的五个关键领域,即学校教育系统、权力正当化、生活风格和品格、语言象征性权力与文学和艺术领域的再生产机制。在学校教育系统中可以看到,在学生与学科、能力与标准之间存在着这样的对应关系:学生选择学科,学科也选择学生;学科在选择学生的同时,也向学生强制推行关于学科、职业生涯,以及关于他们自身能力的感知范畴,而学科之间的差异在双重意义上掩盖着权力符号差异下的社会差异。[1]这样,"教育可使年轻人很快能够熟悉整个生产系统,它可使他们根据社会的需要或他们自己的爱好,轮流从一个生产部门转到另一个生产部门。因此,教育就会使他们摆脱现在这种分工给每个人造成的片面性"[2]。在权力符号差异中,存在"211/985"标签化区分、不同专业和不同劳动类型等符号化的差异。学校是获得的文化资本再生产的主要场域,在大学生就业方面,职业生涯规划是重要一环,职业生涯理论强调人与环境、他人、组织、社会的互动调整,是一种动态的优化,最优的职业发展路径是基于个性、知识、家庭、学校、组织和社会文化环境构造的最优集合。在实现教育场域公正的同时,如何通过家庭文化资本建立学校教育与人的关联,实现不同个体、不同群体职业规划的最优路径是需要重点分析的问题。家庭具体文化资本方面,家中书籍数量、家庭成员阅读频率、沟通频率对各项青年就业能力认知均有正向影响。并且主动性和学习创新能力方面,家中书籍数量越多,家庭成员阅读频率越高,其认知程度越高;合作能力和社会交往能力方面,与父母沟通频

❶ 冯典.名牌大学与权力场域再生产机制的联系与互动——解读布尔迪厄《国家精英——名牌大学与群体精神》[J].复旦教育论坛,2008(05):36-40.

❷ 马克思恩格斯全集:第4卷[M].北京:人民出版社,1965:370.

率越高,其认知程度越高;应变能力、抗压能力、组织决策能力则无明显比例增长关系。家庭客体文化资本方面,课外课程、学习工具对于各项青年就业认知有正向影响,杂志种类数、家庭附近文化设施则无影响。其中主动性、应变能力、学习和创新能力方面,课外课程较多,学习工具较多,青年认知程度越高。家庭制度文化资本方面,父母的学历和父母对子女学历期望对于各项青年就业能力认知均有正向影响。并且父母学历越高,青年对七项能力的认知程度也越高;父母对子女学历的期望越高,青年主动性和学习与创新能力的认知程度也越高;其他应变能力、抗压能力、合作能力、社会交往能力、组织决策能力无明显比例增长关系。就业是积累文化资本,实现社会阶层流动的有效手段,依赖家庭文化资本积累的文化能力需要通过就业的形式来实现真正意义上的流动性。另外,在就业中积累的文化资本还可以为人们的未来发展(或"再生产")提供新的机会(或新的文化资本)。如果若劳动者个体长期没有适当的机会参与社会劳动,不仅其文化资本存量会逐渐下降,而且通过就业"再生产"文化资本的机会和能力也会逐渐丧失。

第五章　文化资本的惯习特性：大学生思想政治教育接受效果论

文化资本的惯习特性与大学生思想政治教育接受效果存在密切的联系，大学生思想政治教育接受深受经济水平、传统文化以及信息技术的影响。文化资本的惯习特性深刻影响着大学生思想政治教育的接受效果，禀性系统是惯习特性生成的相对稳定的支撑，潜意识作用的发挥是受教育者精神追求的内化过程，惯习重构的力量是受教育者精神需求与世界观的契合，而通过惯习的代际流动实现了思想政治教育与家庭教育的对接。正是惯习更迭的历时性所带来的接受图式改变和作用力的交织，使受教育者在进行文化资本传统与现代语境的调适之后，形成了惯习作用的合力。引导这一合力正向的发展必然需要塑造思想政治教育接受的亲和力，以增强惯习合力的凝聚性。

一、大学生思想政治教育接受效果的影响因素

思想政治教育的主体和客体都指向人，作为调整人们生活关系的行为规范和价值尺度，其发生作用的场域必然指向人的“生活世界”[1]。在马克思、恩格斯看来，人们的观念文化不过是人类社会生活的表现和确证。[2]“作为类意识，人确证自己的现实的社会生活，并且只是在思维中复现自己

---

❶ 陈开林．场域、象征、赋权：当代德育研究的三个维度[J]．南京政治学院学报，2016(5)：129-132.

❷ 胡海波，郭凤志．马克思恩格斯文化观研究[M]．北京：中国书籍出版社，2013：104.

的现实存在;反之,类存在则在类意识中确证自己,并且在自己的普遍性中作为思维着的存在物自为地存在着”“不是意识决定生活,而是生活决定意识”❶。在日常生活中,存在着的某些凝固于每一具体惯习之中的基本的和一般的规范,实质上这也是一种客观化文化资本的存在。日常生活有高级的价值目标,但只有在个体价值目标与日常共同体价值目标的互动中,才能达到日常生活伦理真正的价值追求,从而实现日常生活及主体自由全面的发展。马克思主义经典作家用实践对“生活世界”进行批判和超越,他们称之为“现实世界”“社会生活”❷。日常生活化常常因纷杂而困扰,有可能出现价值追求的迷茫,容易被片面物质化,因此,思想政治教育需要用理性的价值追求、科学的精神信仰等对日常化生活进行凝练,使人的价值不被物质层面的感官享受和刺激所搁置,澄明对理想信念的坚守。

(一)经济水平的影响

人们的思想与社会经济生活水平、家庭经济生活水平有密切的关系。社会经济生活水平涵盖居住的地理位置(城乡差异)、所能获得的文化产品的丰富程度和便利程度、医疗保障等;家庭生活状况,是指家庭的衣、食、住等状况。人们生于斯、长于斯的场所,是思想形成和变化的重要场所。居住条件,饮食起居,经济开支,无一不对人们的思想产生着不同的影响。

社会经济发展是制约思想政治教育功能发挥的重要因素。马克思主义认为,经济基础决定上层建筑。思想政治教育作为观念形态上层建筑的组成部分,必然会受到社会经济发展的制约。生活方式是一个包含社会物质生活和精神生活诸因素的综合范畴,它是以一定的生产方式为基础,与一定的社会政治制度相适应,在一定的人生观、价值观指导下形成的人们享用物质的、精神的消费资料和处理一切生活关系的活动方式的总和。

❶ 马克思恩格斯文集:第1卷[M]. 北京:人民出版社,2009:525.

❷ 周琪. 思想政治教育视域下的“生活世界”话语回溯与规定[J]. 教学与研究,2009(11):80-84.

(二)传统文化的影响

文化本身就是传统的延续,传统社会的深刻影响就在于,“在这种不分秦汉,代代如是的环境里,个人不但可以信任自己的经验,而且同样可以信任若祖若父的经验”❶。

习俗既有时代性,也有跨时代性,习俗传承的关键在于其存在与时代是否有冲突。冲突之后,其是否有反省的自觉和能力。没有自省能力,习俗就会凸显其时代局限性,淹没在历史的洪流里,成了“优胜劣汰”的佐证。

而现代文化之于传统文化,“正是现代文化对传统文化和现存文化的超越,生成新的文化要素,而当这种现代文化要素占了主导地位时,思想政治教育发展获得了现代文化动力”❷。文化传统与风俗习惯是在一个民族、国家或地区的人们长期的生活和实践中逐渐形成和积累起来的,是具有鲜明区域特色并能延续传递的思想观念、行为规范以及价值取向的总和,习近平曾明确指出,“优秀传统文化是一个国家、一个民族传承和发展的根本”❸。可以说,作为社会生活底蕴的传统文化渗透在人们的思想观念和日常行为规范之中,对思想政治教育的接受效果产生潜移默化的影响。传统文化在绝大多数大学生群体思想意识领域具有无可代替的影响力,其日常行为方式、社会观念和价值取向都与传统文化密切相关。

(三)信息技术的影响

信息技术带给人类社会日新月异的变化,可以将信息化看作“文化的标志,因为它包含了最能明确代表我们生活方式的交流系统”❹。可以说,信息化与价值取向和行为方式有关,并且使用技术手段加以具体化。广松涉指出:“信息世界的展开方法与价值在使用价值(物的货币体便是其典

❶ 费孝通. 乡土中国[M]. 上海:上海人民出版社,2013:48.

❷ 张耀灿,等. 现代思想政治教育学[M]. 北京:人民出版社,2006:71.

❸ 习近平谈治国理政:第2卷[M]. 北京:外文出版社,2017:303.

❹ 迪克. 网络社会——新媒体的社会层面[M]. 蔡静,译. 北京:清华大学出版社,2014:205.

型）中得以体现，以及使用价值作为价值物有效是类比性的——现实的符号形象作为非现实的信息内容有效。”[1]对于信息传播和接受的主体来说，他们之所以能够似乎是“不约而同”地“理解”各种各样的信息符号，是因为他们如同处于商品经济“符号”体系的“经济人”，在他们自己创造的语言符号体系中都处于“语言主体”的地位，而且如果借用马克思劳动价值论“商品价值是抽象劳动的凝结”这一用语的话，“符号”是应该被称之为一般语言活动的“凝结体”的东西。[2]

马尔库塞认为，当代科学技术具有明确的政治意向性，起着意识形态的作用，“技术的合理性展示出它的政治特性”[3]，并且“政治意图已经渗透进处于不断进步中的技术，技术的逻各斯被转变成依然存在的奴役状态的逻各斯”[4]。马克思主义认为，科学技术的异化不是永恒的，只是特定时代的特定现象，显然马尔库塞等人所坚持的科学技术是意识形态的理论有其局限性和片面性，但他们都在一定程度上反映出在阶级社会，“诉诸于技术的无上命令之所以是可能的，那是因为科学和技术的合理性本身包含着一种支配的合理性，即统治的合理性”[5]。

思想政治教育信息的载体随着信息社会的发展变得更加复杂多变，依托网络而来的信息技术，通过文字、图像等形式的信息传播，成为影响思想政治教育有效性的多媒体空间。例如，运用VR技术[6]与自媒体平台促进大学生虚拟文化交流的真实感与交互性，整合线上线下文化供给渠道以缩减

[1] 广松涉．物象化论的构图［M］．彭曦，庄倩，译．南京：南京大学出版社，2002：183.

[2] 杨思基．拨开“物象化”的迷雾：广松涉的马克思主义观研究［M］．北京：人民出版社，2008：234.

[3] 马尔库塞．单向度的人——发达工业社会意识形态研究［M］．刘继，译．上海：上海译文出版社，1989：18.

[4] 马尔库塞．单向度的人——发达工业社会意识形态研究［M］．刘继，译．上海：上海译文出版社，1989：143.

[5] 哈贝马斯．作为“意识形态”的技术与科学［M］．李黎，郭官义，译．上海：学林出版社，1999：42.

[6] 根据百度百科，VR技术即虚拟现实技术，是一种可以创建和体验虚拟世界的计算机仿真系统，它利用计算机生成一种模拟环境，是一种多源信息融合的、交互式的三维动态视景和实体行为的系统仿真使用户沉浸到该环境中。

大学生获取文化产品与服务的时空阻隔,通过文化资源的数字化支持提升大学生文化消费的便捷性。[1]由于信息的兼容性,思想政治教育信息将与其他各种各样的专业信息、娱乐信息甚至于属于思想政治教育批判和排斥的信息垃圾共同存在。虚拟环境的发展也给主旋律教育带来了新的挑战,西方一些对社会主义中国长期存有敌意的势力,也利用虚拟环境中的许多方式进行意识形态的直接或间接的渗透,冲击我国主旋律教育的效果。

二、文化资本的惯习特性对大学生思想政治教育接受的影响

(一)禀性系统:惯习生成的相对稳定性

惯习是行动者生活方式、行为规范及策略精神方面的基础,具有相对稳定性,行动者并非简单的"物质粒子",而是有知觉和意识、有精神属性的人,能动地进行着实践活动,文化资本存量是这种"此在"状态的基础。

在思想政治教育中应该考虑到"即使这些禀性在行动者的经历中可以改变,那它们也深深地扎根在身上,并倾向于抗拒变化,这样就在人的生命中显示出某种连续性"[2]。

不同的主体对客体的理解和解释都受到自己独特的知识背景、认识图式、思维框架、概念结构的制约,因而都有自己特殊的认识坐标。[3]在思想政治教育的接受过程中教育者和受教育者之间会存在一种只可意会、不可

---

❶ 杨毅,王佳. 文化资本的集聚与表达:大学生文化消费影响因素的Logistic模型研究[J]. 湖南社会科学,2016(6):114-119.

❷ 柯尔库夫. 新社会学[M]. 钱翰,译. 北京:社会科学文献出版社,2000:36.

❸ 杨耕. 为马克思辩护——对马克思哲学的一种新解读[M]. 北京:北京师范大学出版社,2013:230.

言传的“缄默知识”[1]，有时思想政治教育的接受效果会受到“缄默知识”的较大影响。实际上，这种知识是场域中惯习的一种呈现形态，对它的掌握和运用不能只停留在单一的认知方法上，还需要通过情境体验、关系探寻等多种方法深入理解和把握。

惯习有能力通过相似的转换把自己基本的“发生框架”普遍化到所有的生活领域。惯习使场域中看似对立的二元特性统一起来，布迪厄对于“惯习”即“持久的可转移的禀性系统”的定义得到了法国社会学家菲利普·柯尔库夫(Philippe Corcuff)充分肯定，他进一步作出这样的解释，“以某种方式进行感知、感觉、行动和思考的倾向”，这些禀性“深深地扎根在身上，并倾向于抗拒变化”[2]。置身场域中的行动者并非机械的“粒子”，而是能动进行着场域实践活动的有知觉、有思维的个体。惯习既是社会结构在行动者内心的反映，又是生成社会结构的精神基础，因此，禀性系统的存在具有相对稳定性，延续着人们日常生活的传统。

有效的思想政治教育是现实性和超现实的结合，是行动者实践活动中的物质交往、观念形成、传统积淀的复杂交织。惯习是行动者生活方式、行为规范及策略精神方面的基础，又呈现出历史、现时、未来的三维开放时空结构，既是行动者个体及群体历史的缩影，又是现时和未来的方向。可以说，共同价值体系是人类“此在”的一种精神生存方式，场域里文化资本存量是“此在”状态的基础，也是惯习的生成指向，具有相对稳定性。

社会结构内化为个体与群体的认知结构，这些个体与群体用来划分社会世界的范畴正好就是社会秩序划分他们自己的那些范畴，就这样，个体与群体不知不觉地再生产了社会秩序。

---

[1] 孙其昂．论思想政治教育的现代转型——基于社会、历史、系统视野的考察[J]．思想教育研究，2007(8)：5-9.

[2] 柯尔库夫．新社会学[M]．钱翰，译．北京：社会科学文献出版社，2000：36.

（二）潜意识作用：精神追求的内化过程

精神追求的整个过程带有强烈的情感色彩，起初或许是有意识地监控自己的言行，慢慢内化为潜意识的东西，形成场域中的一种惯习。精神追求内化的过程也是人的理想信念、精神信仰形成的过程。费尔巴哈在《宗教的本质》中曾指出："人的信赖感，是宗教的基础。"❶现实中这种信赖感不仅对于宗教，泛指到精神信仰层面都是不可或缺的要件，并且往往通过潜意识发生作用。可以说，精神信仰是场域中共同价值体系的集中表达，凝聚了大众无意识的思想行为。惯习需要在现实生活中建构，并经过主流文化价值观、个人性格特质、社会生活情境的层层筛选，进行不断的生成和建构活动。个人在与社会日积月累的接触中，"逐渐被灌输进一整套性情倾向""并在有机体内部搭上经过调整定型的惯性及外在现实的约束的烙印""惯习就是一种社会化了的主观性"，❷惯习既从属于行动者个体，也是社会共同存在的。惯习具有创造性，可以折射出行动者的想象力，但惯习受到其结构特点的限制。惯习不同于习惯，它是深刻地存在于行动者的性情倾向系统中，作为一种能力的生成机制并与实践活动密切联系而存在的。

（三）重构的力量：精神需求与世界观的契合

在文化资本的分析中认为，惯习是行动者在场域空间中通过已有的社会关系存在对空间客观位置的主动调节，是外部结构内在化的结果；惯习是产生行动策略的一种原则，这种原则可以使行动者应对各种不可预见的变动情况；惯习也是既能持久存在又可动态变化的各种性情倾向集合而成的一整套系统，通过将过去各种经验结合在一起的方式，随时都可以作为各种认知、判断和行动的原则或标准发挥其作用，从而提高完成复杂多变任务的可能性。它还意指某种存在方式或者某种习惯性状态。接受者的

---

❶ 费尔巴哈．宗教的本质［M］．王太庆，译．北京：人民出版社，1999：1.

❷ 布迪厄，华康德．实践与反思——反思社会学导引［M］．李猛，李康，译．北京：中央编译出版社，2004：13，170.

以世界观为核心的观念体系在接受释义中起着主导作用。经验格局是在行动者的实践中发展的,惯习作为重构的力量,蕴含着时间变量,进行能动性的实践活动。

人类社会中不同的思想体系都是不同世界观的产物,由此产生出不同的社会观、人生观、伦理道德观、价值观等具体的信仰内容。在实践中积累个人知识并形成对世界的独特理解,行动者身体层面的常规决定其世界观和价值观,包括世界、人、自我的本质及相互间的关系。精神信仰是对人生“三问”的回答,即“我是谁”“从何而来”“往何而去”,这是信仰层次的重要标准,也恰恰是与场域中世界观的形成过程相契合。

因此,在思想政治教育的过程中应考虑到大学生群体多层次的精神需求,增强教育的接受效果。接受活动中的冲突往往是价值观念的冲突,是价值方向、价值标准、价值解释的冲突。接受的客观性仅仅在于它不能随心所欲,不能以主体的意志为转移。

(四)代际流动:思想政治教育与家庭教育的对接

文化资本的传承和流动可以分为两种方式,其一是家庭教育的传承,“通过年幼时期的家庭体验获得的”,其二是“以一种系统的、速成的学习方式进行”。文化资本具有代际传递能力,其往往以一种不断发展的“累积的传统”[1]的形式呈现和传递,“累积的传统”在场域中通过惯习传递,并借以文化资本的物质形态实现代际流动。

无论是以持久性情、稳定能力形式呈现的具体形态的文化资本,还是以系统化、典型化形式(如:文化典籍、艺术作品)呈现的客观形态的文化资本,都是文化传递的重要载体,获得了定型化的外观而具有某种相对于人而独立存在的客观性。同时文化资本的传递还具有未来的指向性,作为精

---

[1] 这是在坎特韦尔·史密斯在《宗教的意义与终结》一书中提出的,其研究虽然是从宗教入手的,但在约翰·希克为该书所做的序言中指出“累积的传统”这一提法被无神论思想家、不可知论思想家和宗教思想家共同接受。

神信仰载体的文化资本,其创造性再生产的历史纽带是通过一脉相承、前后相继的实物产品和文化传统得以形成、传递和发展的。文化的这种客观存在形式,不仅使个人之间、不同民族之间和地域之间的文化交流和相互理解成为可能,而且为文化成果在不同世代的人们之间的传递、积累和继承提供了前提,保障每一代人的文化发展都不必从零开始。

三、惯习更迭的历时性与大学生思想政治教育接受效果

(一)文化接受图式的惯性与层次性

图式理论(Schema Theory)是指人们利用头脑中的认知结构来理解外界环境的一种认知模式。[1]图式是一种知识结构,它在指导过去的反应和经验完成以后所形成的认知和评价的体系。图式可以反馈出不同抽象层面的知识水平,是人们从事认识和表述知识的方式,是认识中所投入的主体的先存结构(主要是接受结构),它是人们已有经验、知识以及传统观念的最集中的体现。接受图式是受教育者进行接受时所必需的现实的内部准备状态和主体性条件,它直接制约着受教育者对信息的感知过程和处理过程,从而影响着受教育者接受的深度和广度。

接受图式的惯性。接受图式在形成之后具有相对的稳定性,往往不容易改变,而且具有一定的思维惯性,总是使受教育者不由自主地跟随这种惯性去看待客观事物、解释世界,随后选择一定的接受标准并作出是否接受的判断。在接受图式的惯性中,默认受教育者能够有效结合外部接受环境的时空界域,设定了受教育者能够接受和加工处理信息的格局和方式。接受图式发展到最高层次即成为接受定势,但这种相对稳定性又不是一成

[1] 杜旌.本土文化情境下领导行为对员工变革反应的影响:基于图式理论的动态研究[J].心理科学进展,2013(9):1531-1541.

不变的，往往随着接受的发展而变化。

接受图式的层次性。层次性是主体的接受图式按其表征事物内涵的深浅、含量的多少、抽象层次的高低，由低到高逐次排列组合形成阶梯递进的网络系统，并以整合的方式表现出来。图式既有经验的积累，也有智性的汇聚；既有对象化的意识，又有自我化的意识；既有表层的显意识，也有隐含的无意识。接受图式的这一特征既反映了图式的形成和发展过程，又显示出图式发展的层次性结构。

（二）惯习更迭的作用力分析

惯习是特定场域中行动者所具有的“持续的和可转换的禀性系统”，这种禀性系统是场域内长期形成的一种虚拟的“积淀状况”。

在某一场域内，受教育者一般会拥有某些相类似的惯习，也正是这样的“同类项”惯习维持着场域的运行和独立存在。正如布迪厄所言：“人们之所以对他们所遭遇的现时所限定的某些未来的后果‘萦绕于心’，只是其惯习激发他们、推动他们去体会这些后果，追求这些后果所致。”但是，场域是不断变化的，随着场域的变化必然会带来惯习的更迭。恩格斯曾指出：“世界不是既成事物的集合体，而是过程的集合体，其中各种似乎稳定的事物同它们在我们头脑中的思想映象即概念一样都处在生成和灭亡的不断变化中，在这种变化中，尽管有种种表面的偶然性……前进的发展终究会实现。”[1]任何资本形态呈现的文化信息，都是其中行动者社会性活动的精神凝结，这使之印刻在人们社会生活的方方面面，具有被人们接受的价值和意义。

惯习的更迭可以成为思想政治教育接受效果提升的推动力，也可以成为思想政治教育接受效果弱化的耗散力。场域融合和变迁的过程伴随着新旧惯习更迭和代际传递的变化，这种变化可以拆解出影响思想政治教育接受效果的无数作用力。

---

[1] 马克思恩格斯文集：第4卷[M]. 北京：人民出版社，2009：298.

（三）文化资本传统与现代语境的调适

文化资本是一种利益选择和价值观念选择的过程。文化资本在人文价值和资本价值之间的张力关系中存在，在传统与现代语境的转换中实现惯习的更迭。这些张力关系构成了文化资本的不稳定因素。文化资本调适即为资本场域中的惯习在继承传递传统，适应现代社会发展的过程中，对文化资本所处的人文价值与资本价值的张力关系所进行的调整。[1]在市场规律的支配下，具有不同特质的文化观念通过文化资本的形态得以实现更普遍的存在，这使得优秀传统文化在现代语境中也可以通过文化资本的形态得以传承和发展。在这一过程中，要遵循中华优秀传统文化发展的历史脉络，实现其现代意义的转换。尤其需要注意的是，中华优秀传统文化中以"厚德"为核心的价值追求、以"和合"为核心的社会环境营造、以"诚信"为核心的日常规范约束、以"德智"并重为核心的个体道德塑造对思想政治教育接受的有效实现具有重要意义，因此可从国家层面的经济新常态、社会层面的和谐社会建设、组织层面的企业社会责任和个人层面的德智协调发展四方面进行思考。

1. 国家层面：新常态下的"厚德载物"与"自强不息"

《周易》从"天人合其德"的观念出发，将宇宙不断变化的常则引申到人类社会领域，即与"厚德载物"相并列的著名命题："天行健，君子以自强不息"（《易·乾卦·象传》）。《易传》行文之中多处表达了刚健自强的思想，并在其间表达出刚与柔相平衡的观点，即"自强不息"与"厚德载物"二者间相辅相成。

对于当代中国人来说，尤其是当前身处经济新常态时期，必须树立和发扬自强不息、自力更生精神，同时以厚德载物精神引进和吸收世界先进科学文化和管理经验，为自身发展服务。

需要说明的是，中国"新常态"的提出，不同于西方"新常态"所描述的

---

[1] 巩英春．当代信息社会背景下的文化资本批判[D]．长春：吉林大学，2011.

经济周期性波动,而是从中国发展阶段的变化出发,指向一个趋势性、不可逆的发展新阶段。在此情势下,国家所面临的不仅仅是经济发展的问题,还有政治、社会、文化、生态等多方面的挑战,并且不同领域的问题复杂交织,国际问题与国内问题复杂交织。

面临新阶段和新挑战,“自强不息”思想所承载的奋发有为不断进取的思想精髓,始终是激励我们民族团结向上的思想动力,“厚德载物”思想承载了优秀的道德品性和博大胸怀。“自强不息”强调的是积极进取,在国家层面是强国兴邦的力量来源,“厚德载物”强调的是思想境界和道德修养,在国家层面是和谐社会的精神保障。在对“自强不息”和“厚德载物”思想的传承中需保持辩证认识的态度,即要办成一项事业必须正确认识和把握健顺与险阻两者之间的辩证关系。罗素说,中国文化有一个特点,就是有宽容性(tolerance),这与“和同之辩”有一定联系。孔子曰:“君子和而不同。”(《论语·子路》)可以看到,经济上相互促进,共同发展;文化上相互借鉴,共同繁荣;政治上“民为邦本”,邦国关系如《周易·乾·象》所言,“首出庶物,万国咸宁”,都是厚德载物思想的重要体现。

2. 社会层面:和谐社会建设中的“和合意识”

根据马克思有关社会整体发展的思想,和谐社会是在多方面整体结构基础之上形成的“人类与自然的和解以及人类本身的和解”[1],并且是“以每个人的全面而自由的发展为基本原则的社会”[2]。

《周易·乾·象》阐释曰:“保合太和,乃利贞”,“太和”亦即“大和”,是《周易》之中重要的哲学思想,意为至高永恒的和谐,是阴与阳的和合,主观与客观的和合,意识与物质的和合。“厚德载物”思想实质上包含和体现着《周易》之中“太和”的和谐思想,涵盖了人与自然以及人际关系的和谐统一,即“和合意识”——包括自然本身、人与自然、人与人、个人身心等各个方面的“普遍和谐”。《国语·郑语》有言:“和实生物,同则不继。以他平他谓之和,

---

[1] 马克思恩格斯文集:第1卷[M].北京:人民出版社,2009:63.

[2] 马克思恩格斯文集:第5卷[M].北京:人民出版社,2009:683.

故能丰长而物归之。若以同裨同,尽乃弃矣。故先王以土与金木水火杂,以成百物。”所指各种事物之间的协调配合,可以调解矛盾,特别在天地和人事间形成“和合”的和谐关系,可成育万物,进而有利于国家安顺,百姓安乐。

在现代性的认识问题上,一方面现代性是对历史发展进步的信仰,另一方面现代性会带来深层人文精神危机和人类对它的反抗。

在面对现代性问题,可以从中国优秀传统文化基因中寻求认识上的启发,“厚德载物”思想对于解决现代社会中人与自然、人与人和谐相处的社会问题,提供了很好的解答视角。在人与自然和谐共处层面上,“厚德载物”思想可以通过儒家相关的主张体现,儒家主张“取物以时”“张弛有度”的“爱物”思想,将仁爱之心倾注于万物,譬如《淮南子》就对古代自然资源保护做了完善的论述,典籍中《主术训》记载:“先王之法,不涸泽而渔,不焚林而猎。”深刻反映出应“取物不尽物”,以求人与自然和谐相处的观点。在社会中人与人和谐共处层面,人与人、人与社会“和而不同”的和谐共处,不同而不相害,譬如管子认为提升道德有助于社会和谐的形成,“畜之以道,则民和,养之以德,则民合。”(《管子·兵法》),意为群众需有良好的道德修养基础,在其中营造和合的氛围,和合之下百姓才能和谐与团聚,相互间友好相处,不会彼此伤害。

3. 组织层面:企业社会责任的构建

作为组织层面的企业,除了追求自身的经济效益之外,还应承担必要的社会责任,形成企业与社会的良好交互关系。“厚德载物”思想传承过程中蕴含的中国优秀传统文化基因里,有着丰富的对企业社会责任构建方面的论述,其中特别强调“以德经商”,譬如:“富而好行其德者”(《史记·货殖列传》),孔子亦十分重视追求财富过程中的正当性问题。子曰:“富而可求也,虽执鞭之士,吾亦为之。如不可求,从吾所好”,“贫而无谄,富而无骄,何如?未若贫而乐,富而好礼者也”,“不义而富且贵,于我如浮云”(《论语·述而》),都是孔子阐释“义”和“利”关系的重要观点,即非正当手法获得的财富并不长久，而获得财富的正当手段暗含着现代意义中的社会责任。"厚德载物"思想为组织层面的社会责任建设提供了一个明确的方向：以组织为平台将个人德行、职业操守与社会道德相融合。一方面，企业以仁德之心关爱自己的员工、关心顾客、服务社会，员工、顾客和社会也会以"仁德"回报企业；另一方面，善待周边的自然资源，与自然和谐相处之道，理应成为企业社会责任的一个重要方面。

4. 个人层面：智育与德育的双管齐下

对于个人层面而言，"厚德载物"思想包含了丰富的伦理道德规范，在明代道人洪应明收集、编著的《菜根谭》中曾提出"德者，事业之基，未有基不固而栋宇坚久者"，意为"高尚的品德是事业成功与否的基础，如同建造楼房的地基，根基不牢固高楼大厦便不会稳固"。"厚德载物"思想实际上内含"宽柔以教"的意蕴，在其柔顺品格之中所承载的理解和宽容的文化精神，已潜移默化在当代中国民众的思想观念和品性情感之中，支配着民众的行为方式和价值追求，成为中华民族个人独特的精神信仰根基。"厚德载物"思想体现出的以宽厚之德包容万物的兼容并包的文化思想影响为中国民众精神信仰多层次交错提供了深厚的文化积淀，文化的熏陶和制约使"厚德载物"思想之道德自律的"应然"要求在潜移默化之中调节着群体"实然"生活状态。

需要指出的是，在"厚德载物"思想影响下，对于德育的重视在当下不能片面理解为：在个体教育之中，德育胜过一切，智育成为德育的附庸。仅从教育思想、教育体制这一角度看，封建社会尊崇的孔孟之道，强调"德治"思想，并把它作为封建统治的工具，导致了"道德决定论"，重道德轻法治，重文化轻科技，重科举轻人才，重知识传授轻技能教育，重"内省"轻实践。

因此，个人层面上"厚德载物"思想的现代意义转换，需要坚持智育与德育的双管齐下，在科学理论的指导下进行现代意义上创造性地改造，对于传统文化的优秀基因进行继承和发展，使之与现实相协调、相和谐。

(四)惯习合力:塑造思想政治教育接受的亲和力

《现代汉语词典》对“亲和力”的解释是,两种物质结合成化合物时相互的作用力。大学生思想政治教育文化亲和力的形成是时间和空间交互作用的过程,时间和空间交互作用产生了持久的亲和力。[1]

习近平曾指出:“提升思想政治教育亲和力和针对性,满足学生成长发展需求和期待,是新形势下提高高校思想政治工作时效性的关键。”[2]因此要形成各种关系网络,充分调动所拥有的不同形态资本,协同创新,把资源凝聚成合力,形成思想政治教育的强有力动力。

作为在教育场域中行动者的实践活动,思想政治教育接受的亲和力可以作出以下理解:思想政治教育实践活动通过亲切、吸引和融合等方式所形成的合力使受教育者在思想政治教育接受过程中产生亲近感、融入感和认同感。亲和力是思想政治教育接受效果的整体感观及效果判断。需求引发资源的凝聚,需求为导向,也可以引导需求,用资本的力量形成有效的资本流动,满足不同程度、不同层次的需求。马克思主义认为,人类社会及其各种社会现象的发展,是人类社会诸要素之间相互作用的结果。

思想政治教育接受主体的动力来自于以社会需要为核心的外在被动力和以自身需要为核心的内在主动力及这两种分力相互作用而生成的合力。合力不仅仅是各要素或子系统作用力的简单叠加,而是在融合过程中的一种新的力量。恩格斯在《反杜林论》中阐述了这个原理,他说:“许多人协作,许多力量溶合为一个总的力量,用马克思的话来说,就造成了‘新的力量’,这种力量和它的一个个力量的总和有本质的差别。”亲和力亦是思想政治教育的各亲和要素的融合,并在实践中通过亲和的形式或方法形成亲和氛围中的互动。

亲和要素涵盖了教育者自身的亲和力、教育素材提取的亲和力、教育实践方法的亲和力、教育氛围的亲和力,并形成的亲和力合力,协同创新思

[1] 刘怀玉.大学生思想政治教育文化亲和力初探[J].思想政治教育研究,2008(6):82-85.

[2] 习近平首次点评“95后”大学生[N].人民日报,2017-01-03(2).

想政治教育。家庭、学校、社会三种不同的教育场所、教育形式，共同构成思想政治教育亲和力的合力。需要发挥家庭与学校的协同作用，实现大学生文化资本原始积累与再积累的有效对接，进而在全社会层面构建大学生文化资本育成的社会支持网络，促进文化资本集聚的现实态势。

从学校层面审视，由于具有高校文化异质性大，同侪认同压力大等特性，大学生文化消费选择的真实自我价值感知度较低。应对大学生的世界观、人生观、价值观进行引导以帮助其树立健康、积极的文化消费观念，最终使大学生在丰富多彩的校园文化活动中感知自我文化偏好，实现文化资本的再积累。[1]

探讨大学生思想政治教育接受的惯习，实质上就是从关系的角度，去思考在与权力场域相对的场域位置和各位置间的客观关系结构的基础上的千差万别的惯习。大学生思想政治教育场域内的各相关主体，形成的客观关系网络，要形成合力，调动各自拥有的资本，相互协调一致，共同致力于大学生思想政治教育实效性的提升。

[1] 杨毅，王佳. 文化资本的集聚与表达：大学生文化消费影响因素的Logistic模型研究[J]. 湖南社会科学，2016(6)：114-119.

第六章　文化资本语境中大学生思想政治教育接受的完善进路

在文化资本语境中分析大学生思想政治教育接受的完善进路，信息媒介场域交融的拟态环境构建有助于营造大学生思想政治教育的接受情境，减少社会逆反心态带来的接受场域阻力，可以提升思想政治教育的接受效果。流行文化的符号化互动对大学生群体产生深刻的影响，借助其产生的场域特点可以丰富大学生思想政治教育的接受方式。大学生的精神需求满足以马克思主义信仰的确立为终极目标，精神信仰是人类精神世界的深层结构，这其中的接受层次搭建是与文化的积累密切相关的。思想政治教育的政治性决定了要充分关注文化资本的意识形态属性，优化大学生思想政治教育的接受体系，提高大学生对主流意识形态的认同。

一、利用信息媒介场域夯实大学生思想政治教育接受条件

葛兰西及其后继者在研究中指出，相较于其他的表征手段以及为实现集团或国家权力利益而采取的补充手段，大众传媒在表现公共事务方面更灵活有效。借用传播学家M. 麦克卢汉的著名观点“媒介是人的延伸”，在当今看来，亦可说“媒介也是社会关系的延伸”，在各种关系的交错中集结成为新闻（传播）场域。思想政治教育场域的强势外力首先是大众传媒的深刻影响，而大众传媒的传播指向受制于政治权力、经济权力交织的多重影响。布迪厄也曾指出，“知识界本身的独立性、自主性不断受到形形色色

的外力的威胁，其中最可怕的外力，在今天，要算是新闻业了，而新闻业也受制于其他权力：或多或少阴险狡诈的政治权力，通过广告及广告客户而对报纸的财政状况施加压力的经济权力。”在当前社会环境中，新媒体的作用远远超过那个时代报刊为代表的平面媒体的影响力。由于文化技术化和技术文化化的双向同时运动，现代技术同现代文化之间的相互渗透达到了空前未有的程度。现代技术一方面是现代知识及其理性力量的产品，另一方面又是在教育场域和科学场域进行再生产的结果。当代社会，现代技术的神秘化，已经达到使其彻底异化的程度，特别是现代技术支撑下的新媒体平台，尤其是拥有一定粉丝量和关注度的网络平台，越来越成为社会民众崇拜的对象和受到新奴役的强有力的工具。

（一）拟态环境与大学生思想政治教育的接受情境

教育对象在教育者创设的具体教育情境（实际是具体的人际交往环境）中，接受到教育者传递的教育讯息，并在惯习的潜移默化影响中通过场域内的自主实践活动建构起自身的品德修养体系。交往与互动是现代思想政治教育的基本理念和重要的方法论。将文化资本置于信息化的场域之中，依靠现代传媒手段，带给思想政治教育接受的影响的深刻性。

“拟态环境”（pseudo-environment）是传播学的重要范畴，意指传播媒介基于自身对社会现实的关注而构建的环境。郭庆光在《传播学教程》给出学界权威诠释是：所谓“拟态环境”也就是我们所说的信息环境，它并不是现实环境的“镜子”式的再现，而是传播媒介通过对象征性事件或信息进行选择和加工、重新加以结构化以后向人们提供的环境。[2]在拟态环境中，行动者（个人）的接受反应和行动是实际存在的，并且作用于现实的真正环境之中，于是现实环境越来越趋于“拟态环境”，身处信息场域的行动者很难对两种环境作出客观的区分。大众传播可以帮助形成信息媒介场域的无

---

❶ 布尔迪厄，哈克．自由交流[M]．桂裕芳，译．北京：生活·读书·新知三联书店，1996：28.

❷ 郭庆光．传播学教程[M]．北京：中国人民大学出版社，1999：127.

形力量，并通过人们在场域内的一系列认知实践活动形成约束其行为的行动标准。大众传播是具有社会控制功能的信息系统，但这种控制的性质和方向并不完全取决于它自身，而是在很大程度上取决于其他更为复杂的社会机制和条件。

拟态环境具有社会控制功能。表层现象的被模仿还显得细枝末节，值得深思的是价值观念、生活方式等深层次的复制模仿。拟态环境使流行文化的符号深深地印刻于社会大众的精神文化生活之中，并由于年龄、职业、性别、学历的不同带来群体层级分化，在群体内部形成不同氛围的文化“圈子”，“圈子”内共享特定形态的知识与习俗，构成一种特别的文化资本，达成某种程度的群体共识，分层分圈之下各个板块互有交集，互有交流，呈现出多元化的文化景观。在这样的“拟态环境”中，从文化渗透，到观念渗透、价值观渗透，进而实现文化认同下的社会控制。

（二）社会逆反心态与大学生思想政治教育的场域阻力

思想教育作为一种有系统的有控影响，它具有相当明确的目的性，它客观上要求人们对其产生有意注意。但是，考虑到无意注意在人的心理活动中的作用，尤其是考虑到目前对思想教育普遍存在的“逆反心理”，强调以人们有意注意为目的的思想教育常常效果不理想。因此，需要研究“无意注意”行为，使人们不由自主地注意并接受思想教育。

无意注意接受是指事先没有预定目的，也不需要作任何意志努力、不由自主地对某一事物发生注意而引起的接受，它是在特殊条件下，由一定的刺激作用直接引起的。

鲁迅先生曾讽刺过“合群的自大”“爱国的自大”[1]。“又因为多年受着侵略，就和这‘洋气’为仇，更进一步，则故意和这‘洋气’反一调：他们活动，我偏静坐；他们讲科学，我偏扶乩；他们穿短衣，我偏着长衫；他们重卫生，我偏吃苍蝇；他们壮健，我偏生病……这才是保存中国固有文化，这才是爱

[1] 鲁迅全集：第1卷[M]．北京：人民文学出版社，2005：327.

国，这才不是奴隶性。”[1]

在现实生活中，我们也常常可以看到某种社会逆反心态对接受选择的影响：当某部书或某刊物的某篇文章的思想内容被批评为有问题，于是这部书或刊物的读者就蜂拥而至，其立刻就身价百倍，发行量骤增。甚至某些小报还将它连载或单独印行，而意外地牟取暴利。同样，当某部影片、某个电视剧思想内容被批评为不健康，它的观众却立刻大增，其票房价值也便随之陡涨，等等。

（三）信息媒介场域交融中思想政治教育的接受效果

文化环境中蕴涵的价值观念、态度、意见等能够凝聚为社会舆论，它具有相对的一致性和持续性，以此对公众进行整合和导向，“别回嘴”和“跟我做”成为个体在公众舆论“沉默的螺旋”之下的无意识行为。而公共舆论导向的自发性往往冲击并消解思想政治教育者的主导话语权，从而无法及时有效地对思想政治教育进行反馈和评价。十九大报告明确指出，“满足人民过上美好生活的新期待，必须提供丰富的精神食粮”，必须“培育新型文化业态”。这样的发展动态之下，必然伴随着资本与市场在文化领域支配权力的扩张。“接受”是一个双向建构的认识活动，这种双向建构发生于接受主体与思想文化客体之间。一方面，接受主体根据自身的结构，在符合自己目的的形式下，对思想文化客体的成分进行筛选、摄取、作出阐释和理解，并将其整合在主体自身的框架之中；另一方面，在思想文化客体的客观性作用下，主体对自身结构进行量的方面或质的方面调整以适应思想文化客体的真实，从而维持认识的平衡。

作为这种接受主体与思想文化客体双向建构的结果——接受，便是一种既不同于接受主体原初结构但又渗透其因素的新质认识。思想政治教育接受过程通过场景营造，在“呈现—组合—赋意—联想”的符号循环和编码的过程帮助大学生群体现场体会思想政治教育深层次的价值观、理想信

---

[1] 鲁迅．且介亭杂文[M]．沈阳：万卷出版公司，2014：45.

念层面的表达，具有象征性的德育过程实现对主体的教化和熏陶作用。

中华人民共和国成立以后，我们党不仅重视党报、党刊的建设，而且拍摄了大量体现主旋律的电影、电视作品。这些作品不仅进入了生活，同时也进入了课堂，成为思想政治教育的形象教材，也成为进行理论教育的背景资料[1]。以2017年热播电影《战狼2》为例，相当比例的学生群体观看了这一热播电影，形成了很好的爱国主义教育氛围。

资本主义国家不使用"思想政治教育"这样一个统一的概念，但以美国为代表的发达国家的政治教育和道德教育虽然都面临多元社会中教育与个人自由选择的矛盾，但是矛盾发生的层面不同。在政治教育中，这个矛盾则是发生在教育方式和学生对教育方式的选择上，可称得上是不拘一格。至于政治教育的目标（培养美国忠诚的公民）则是确定不移的，其核心内容（共四个基本方面，即美国资本主义制度及其优越性的教育、反共教育、公民权利和义务的教育、国民精神的教育）长期以来保持了稳定性和连续性。

大学生群体的文化资本存量是对整个社会文化风尚与文化偏好的有效折射。需提高社会传播媒体、文化公益组织等对大学生文化消费影响的关注度，努力建构青年群体积极参与的文化生态圈，从而在全社会营造良好的文化消费风尚，使大学生在清朗和善的社会支持网络氛围中，加速文化资本的自我沉淀与有效表达。

二、通过流行文化符号互动丰富大学生思想政治教育接受方式

（一）文化资本的全球化流动

精神文化生产的世界历史形成源于资本的增殖和扩张本性。资本是天

[1] 李辉．思想政治教育情境的创设：现状与基本思路[J]．中山大学学报，2004(2)：99-104.

生的国际主义,其本性就在于"尽可能多地自行增殖,也就是尽可能多地生产剩余价值"[1],"每个人作为一个'全息元'都浓缩并积淀着时代的'所与'(given)"[2]。马克思在《共产党宣言》中指出:"物质的生产是如此,精神的生产也是如此。各民族的精神产品成了公共的财产。民族的片面性和局限性日益成为不可能,于是由许多种民族的和地方的文学形成了一种世界的文学。"[3]资本主义流行文化的全球传播可以做出如下表述:"资产阶级……把一切民族……都卷到文明中来了。……它迫使它们在自己那里推行所谓的文明,……一句话,它按照自己的面貌为自己创造出一个世界"[4]。德里克也曾指出:"全球化也具有意识形态性,因为它试图根据一种比任何东西都更有效地服务于一些利益的新的全球想象来重新建构世界。"[5]因此,全球化必然会逐渐从经济领域扩展到政治和文化领域。全球化为权力下放提供了强大的动力和逻辑,经济的快速发展使诸多国家在全球化的洪流之中快步跨入消费社会,文化消费的比重在当下日渐增加,需求也日渐多元化、复杂化。文化在经济结构中的位置发生变革,传统理论视野中文化处在被经济决定的末端环节,而在消费社会文化往往处在生产链条的前端并发挥着牵引的作用。只有变成符号化的商品才能成为消费的对象,"消费,它的有意义的用法是指一种符号操控的系统行为"[6]。商品的符号化本质上就是赋予商品文化意义、文化象征的过程,商品能否被成功地赋予意义决定着其能否进入大众的消费视野,而消费决定生产。文化的全球化传播赋予场域边界的拓展以更大的可能,也吸引了更多资本的市场注入,使更多的文化资本得以在全球化的场域空间中呈现。多元文化已经随着现代化和全球化的进程而普遍地传播和渗透到当代社会的各个领域,并同权力

---

[1] 马克思恩格斯文集:第5卷[M]. 北京:人民出版社,2009:384.

[2] 何中华. 哲学:走向本体澄明之境[M]. 济南:山东人民出版社,2002:160.

[3] 马克思恩格斯文集:第2卷[M]. 北京:人民出版社,2009:35.

[4] 马克思恩格斯文集:第2卷[M]. 北京:人民出版社,2009:35-36.

[5] 王宁,薛晓源. 全球化与后殖民批评[M]. 北京:中央编译出版社,1998:3.

[6] BAUDRILLARD. Selected Writings[M]. San Francisco:Stanford University press,1998:25.

和媒体网络发生交错性的相互影响，不仅导致权力本身的性质、形式和运作模式的深刻变化，也全面地引起现代社会的基本结构及其社会成员之间的相互关系的根本变化，思想政治教育主客体之间的相互关系亦会发生变化。

（二）大学生群体中流行文化的场域特点

第一，日常生活性。流行文化的素材的提取源自日常生活，是流行符号与日常生活的融合。日常生活性是韩国流行文化的传播特点，亦是整体流行文化的传播特点。日常生活性使得流行文化既是社会各阶层生活中的重要组成，也是个体与社会交互，融入社会生活的重要载体。日常生活性的传播特点使流行文化的符号深深地印刻于社会大众的精神文化生活之中，并由于年龄、职业、性别、学历的不同带来群体层级分化，在群体内部形成不同氛围的文化"圈子"，"圈子"内共享特定形态的知识与习俗，构成一种特别的文化资本，达成某种程度的群体共识，分层分圈之下各个板块互有交集，互有交流，呈现出多元化的文化景观。

第二，低龄化特点明显。大学生群体中的低龄群体选择倾向流行文化尤其是外国流行文化的比例高出大学生群体平均值，新生代学生群体通过越来越便捷的网络技术，可随时随地了解心仪流行文化的新动态，消融地域隔阂和时间差距，流行资讯的海量信息吸引着越来越多价值观尚未定型的低龄学生群体的眼球。

第三，网络依存度高。网络平台的传播，模糊了人际交往和大众传播的界限，构建起与现实紧密联系的内容丰富、文化多元的虚拟场域，"文化从符号体系转化为全面的虚拟世界"，"编码和解码的符指革命为文化创造了几乎无限的意义空间"。网络场域从单向度的文化认知转向多视角、多维度的文化共融，并不断加深对现实空间的影响力，其影响范围从生活行为方式逐渐深化至精神层面的价值追求。以韩国流行文化为例，制作精良的韩剧一经进入我国便受到了大学生群体的极大欢迎，并通过互联网效应不断放大其影响，是传播韩国流行文化的主要载体。韩剧风靡全国便是很好的例证，大学生群体对于以韩剧为代表的韩流文化中的故事情节、主题音乐、流行服饰、幕后花絮、演员信息、周边文化产品等都会产生浓厚的兴趣。服饰文化、饮食文化、礼仪文化等也借助韩剧的传播进入大学生群体的视野中，通过使大学生在了解中模仿以满足心理的偏好和诉求，进而影响大学生的生活方式和观念。青年群体可以很好地借助网络这一平台了解到世界各地的文化，韩国文化在我国快速发展亦与互联网的便捷性密不可分。

（三）流行文化符号互动中思想政治教育的接受方式

第一，教育环境愈发复杂，价值取向多元化。不仅有电影制片厂、演艺公司、唱片加工厂、广告制作公司、报纸生产线、娱乐制作室、设计制作室等，而且大学早已经作为教育工厂按照标准化教学大纲和培养体系批量生产工厂化社会所需要的各种人才。流行文化本身的多元化发展态势使大学生群体的文化视角及其选择多样化，在多元化的价值取向中，多样选择存在明显的观念冲突。尤其是随着新媒体多样化发展，在一个网络群体中，不论是信息使用者，或是互动讨论的参与者，都可透过他们与其他群体成员的互动取得知识与权力，互联网的交互式文化并非层级式的，而是形成了一个真正的权力网络。媒体所传播的内容形塑着个人行为，传播中隐性的价值观念无孔不入地嵌入人们日常生活的潜意识中，使人们的价值观念发生悄然改变，从而产生同一网络群体中价值观的趋同化。以韩国流行文化传播为例，从数据分析来看，大学生群体中“哈韩”群体虽然是比例上的“小众”群体，但其绝对数量上却在不断扩大。可以说，在流行文化多元价值导向的深刻影响下，大学生群体会面临越来越多、越来越明显的观念冲突。

第二，接受者社会化方式的改变。大学生群体学习方式、交往方式都发生巨大的变化。在娱乐化时代，各类信息以娱乐化的方式传递更具直观和感性，更容易被接受，对大学生群体而言，娱乐是其生活的重要组成部分。流行文化借助制作精美的影视综艺节目将其饮食文化、服饰音乐等文化产品全面带动起来，同时影视明星、体育明星等群体在大学生群体中的熟悉程度以及受喜爱的程度也非常高，以影视综艺节目为主导的流行文化产品正以潜移默化的方式影响到大学生群体的饮食方式、消费观念、审美观念。流行综艺节目以多样化的节目形式、活泼欢快的娱乐氛围受到越来越多大学生群体的追捧。通过对百度贴吧（使用者几乎全部为中国网民）中电视节目类别标签的搜索，韩国综艺有349个，其中在互联网上广受欢迎的韩国电视综艺节目《Running Man》，其贴吧关注用户为118.5万人，主题帖9.8万个，总帖数1200万，“RM”粉丝118.5万人，而中国内地综艺是600个，人气最热的“快乐大本营”贴吧关注用户为102.3万人，主题帖15万个，总帖数554.5万，“荧光粉”粉丝102.3万人。从统计数据来看，对流行综艺节目的贴吧关注程度远远高于国内同类综艺节目贴吧的关注程度。[1]特别是韩国综艺节目能在本身电视台数量众多、电视娱乐节目繁多的中国市场占据一席之地，不得不承认其传播的威力。韩国影视作品一直在国内拥有较高的关注度，相较而言，韩剧比较注重题材的开拓，反映的社会层面较广，给人新颖、有趣的感觉。以2016年在国内最为流行的韩剧《太阳的后裔》《信号》为例，前者以医生和军人的职业组合，集合了各种时尚元素，并将爱国题材融入剧情中，深受大学生群体的追捧，后者则通过跨时空对话，将复杂悬疑的剧情糅合其中，被国内观众称之“烧脑”佳作。韩国影视节目的教化功能都隐藏在剧情里面，潜移默化地向青年人宣传韩国的传统美德、消费偏好、家庭观念、婚姻观念、道德观念，其所主导的文化形态和文化意识一点点为青年人所接受。韩剧作为一种媒介文本，作为传播韩国流行文化的主力军，以其丰富多元的类型、生动直观的表现力、创新科技的运用而占领了流行文化消费的“高地”。其一方面能够满足大学生群体的工具性需求

[1] 贴吧数量仅为综艺节目标题贴吧，不包括为参与节目艺人建立的个人贴吧，统计数据截止日期为2017年1月8日。

如扩展国际文化视野等，另一方面也在满足其精神性需求（如感悟和思考人生）的过程中潜移默化地传递着价值观。

第三，对大学生群体民族精神培养的影响。在流行文化的影响下，大学生群体中出现多元文化的话语空间，并且产生彼此对话的可能和竞争的局面。[1]大学生群体更为强调主观感受和个体意识，但在民族精神问题上他们中的绝大多数都能保持独立理性的判断。流行文化在日常生活传递的符号讯息，对大学生群体民族精神的影响亦是深刻持久的。流行文化在大学生群体中扩张其影响力的同时亦带来盲目跟风的现象，要防范流行风潮当中与主流文化的偏离。流行文化不仅仅是娱乐的消遣，必须要有涵养着民族文化的家国情怀。有相当比例的大学生群体对于我国优秀文化传统有着较高的认可度与保护意愿，有了解中国优秀传统文化的强烈愿望。应尽可能地提供多样化的了解中国优秀传统文化的途径和方式，增强中国特色社会主义文化在大学生群体当中的影响力。

第四，对大学生群体消费价值观的影响。流行文化要素在商业高度发达的当今，必然会以商品的形态呈现在社会大众面前，并通过纵横交错的商业信息网络和多渠道的媒介载体将流行文化商品推向越来越细化的消费者市场，特别是大学生消费者群体。从相关统计数据来看，服装饰品类消费对大学生群体的吸引力最大，大学生群体在消费内容选择上具有从众心理，且娱乐性消费和消遣性消费比重较大。流行文化中的消费活动已扩展为经济行为、社会行为和文化行为的综合，是经济与文化的相互渗透并通过社会系统得以体现。服饰消费的过程是私下的自我转变为公共的自我的过程，文化的信念与价值透过流行系统被赋予在消费商品上，再通过穿戴仪式传达给消费者，尤其对于大学生消费者而言，流行文化的独特编码符号通过服饰消费不断地进行复制重现，并通过朋辈间的信息传递不断扩大其影响，大学生群体在与编码符号的频繁互动中不知不觉地调整自

[1] 参见袁潇，风笑天．改革开放30年我国青年流行文化与价值观的变迁[J]．中国青年政治学院学报，2009(1)：1-6.

我，并向符号所折射出的文化讯息靠拢。

三、按照多层复合精神需求实现大学生思想政治教育接受层次搭建

个人现实关系的虚幻表现是“由他们狭隘的物质活动方式以及由此而来的他们狭隘的社会关系造成的”[1]“人们头脑中的模糊幻象也是他们可以通过经验来确认的、与物质前提相联系的物质生活过程的必然升华物”[2]。因此，人们社会生活中的文化，不外乎是“这些个人所产生的观念，或者是关于他们对自然界的关系的观念，或者是关于他们之间的关系的观念，或者是关于他们自身的状况的观念”[3]，都只能从现实的物质活动和物质关系中寻找其由以发生的根源，也只能在社会生活领域才能得以澄明和确证。

（一）精神需要与文化资本积累

在思想政治教育接受问题上，精神需要是接受的原动力，精神需要的方向性和层次性决定着接受的选择性，需要的重现是接受承受强度提高的因素之一，需要的满足方式影响接受的方式（容量、强度），最后共性的需要是普遍接受的基础。需要的不断重新出现，有赖于需要内容的不断丰富、发展。而接受材料和内容的不断丰富和发展，又促使主体接受需要的不断重新出现。这二者是相互影响的。在思想教育活动中，我们既要考虑个体的接受需要，也要考虑到整体的接受需要，不能只强调个体接受需要的特殊性，而忽视整体接受需要的普遍性，也要避免用整体的接受需要去强加给个体。

第一，精神需要是与物质生活相辅相成的。精神需要是以物质生活为

[1] 马克思恩格斯文集：第1卷［M］．北京：人民出版社，2009：524.

[2] 马克思恩格斯文集：第1卷［M］．北京：人民出版社，2009：525.

[3] 马克思恩格斯文集：第1卷［M］．北京：人民出版社，2009：524.

前提和基础的。在马克思看来，共产主义社会的到来，生产劳动的意义除了满足人的物质需求之外，更多倾注于精神需要的满足，丰富社会成员的精神生活，“事实上，自由王国只是在由必需和外在目的规定要做的劳动终止的地方才开始；因而按照事物的本性来说，它存在于真正物质生产领域的彼岸”[1]。精神需要是社会存在的反映，精神生活的内容深受物质生活的影响，“物质生活的生产方式制约着整个社会生活、政治生活和精神生活的过程”[2]。但是，人的精神生活不是将物质生活被动、刻板的重复和延伸，而是对物质生活的主动回应，是一种积极的实践活动。精神生活对物质生活有巨大的反作用，包含了推动和牵制两种作用力。另外，精神需要虽然受物质生活的制约，但具有相对独立性。一方面，物质生活发展水平不高的情形下也可以有较高质量的精神生活，精神生活在一定条件下有超越物质生活的可能。恩格斯在《致康拉德·施米特》的信中就说过：“经济上落后的国家在哲学上仍然能够演奏第一小提琴：18世纪的法国对英国来说是如此（法国人是以英国哲学为依据的），后来的德国对英法两国来说也是如此。”[3]另一方面，在实现较高水平的物质生活的情况之下并不意味着必然会实现高水平的精神生活。现实生活中，货币交换社会关系的形成和完善使经济资本作为一种社会力量推动社会发展，资本由特殊性向普遍性提升，使资本概念泛化，倘若人们不假思索的片面追求物质生活，享乐主义、拜金主义滋生，终将会导致精神生活荒芜或萎缩的恶果，把丑恶的物质享受提高到至高无上的地位，将毁掉一切精神内容。

第二，精神需要的多样性和复杂性。新时代中国特色社会主义思想明确指出，新时代我国社会主要矛盾是人民日益增长的美好生活需要和不平衡不充分的发展之间的矛盾。个体由于年龄、性别、知识储备等诸多因素的不同，在各种复杂的社会关系中从事各自不同的活动，形成个体独特的

❶ 马克思恩格斯全集：第25卷[M]. 北京：人民出版社，1975：926.

❷ 马克思恩格斯文集：第2卷[M]. 北京：人民出版社，2009：597.

❸ 马克思恩格斯文集：第10卷[M]. 北京：人民出版社，2009：599.

精神生活偏好，当这些偏好潜入主体的意识深处后，就构成了各具主体特色的多样性的精神需要。可以说，人的精神需要在本质上具有不满足性，正是这种不满足性推动着人的精神生活的动态发展。在人的发展实践中，发展主体不断“炼出新的品质，通过生产而发展和改造着自身，造成新的力量和新的观念，造成新的交往方式，新的需要和新的语言”[1]，社会发展的最终指向是以人的生存和发展为基点的，人的多层次需要的满足，人的整体素质的提高，人的全面发展是社会发展的根本取向和最高价值。在人的物质需要得到基本满足后，精神生活的需求显得更为迫切。中国文化对于外来文化持有兼收并蓄的博大胸怀，这为民众精神需要的多样性和复杂性提供了深厚的文化积淀，有理由认为精神需要研究中的一个典型中国特色就是补缺导向型的需求，即多层复合需求。文化场域交融中多层复合需求形成一系列行为和观念的排列组合，最终在人类不断扩展的实践活动中以一种核心的文化价值观念的方式传播并实现代际传递。还需要特别指出的是，网络时代虚拟化与社会化交织，使得精神需要呈现出更加复杂多样的趋向。精神生活在虚拟的“人机”关系与现实“人际”关系的叠加中模糊了虚与实的边界，人的精神需求如何在虚拟场域与现实场域的交互中实现张弛有度的发展和满足，是网络时代带给我们的新思考。

第三，人的精神需要中的文化资本积累。随着社会经济的不断发展，资本的形态出现更多的新变化，从马克思生活时代的传统单一的货币资本、实物资本发展到现代社会的多种资本形态，在后续学者们对马克思文化生产理论的拓展中，把原先仅仅物质化状态的资本概念广泛延伸至文化生产领域，出现了综合多学科交叉的“文化资本”理论，这样的资本分类扩大了马克思主义“资本”的概念。研究精神需要的层次，不能纯粹从精神层面看待问题，诚如恩格斯所言“人们自觉地或不自觉地，归根到底总是从他们阶级地位所依据的实际关系中——从他们进行生产和交换的经济关系

[1] 马克思恩格斯全集：第46卷上[M]. 北京：人民出版社，1979：494.

中，获得自己的伦理观念”[1]。文化资本与经济资本等其他形态资本可以相互转化，以资本形态固定下来的文化符号对于精神需要的分层和传播起到不可忽视的作用。文化资本以具体化、客观化和制度化呈现的三种资本形态对人们的日常生活发挥着影响，精神需要与文化间的作用是交互的，说到底是文化资本在其中发挥了显性和隐性交织的作用。在人们的精神生活中，形成一系列行为与观念的排列组合，以惯习的形态保留下来，成为场域中的一种文化资源，在进一步的实践中以文化资本的形态积累下来，最终形成人类实践活动中一种核心的文化价值观念并实现代际传递。精神需要的最高层次涉及人的终极精神追求，即精神信仰问题，精神信仰建立在现代复杂的文化系统之上，并深受文化传统的影响。在人的精神需要中，文化资本积累的不平衡问题突出，特别是客观化文化资本，即以图像、作品、工具等具体文化商品形式显现的，这方面文化资本存在明显的区域不平衡，这一问题在我国的农村社会尤为突出，农村人均生活消费构成中可以投资于商品式文化资本的几乎没有。根据国家统计局发布的《中国统计年鉴》数据，2015年全国农村居民人均消费支出9222.6元，用于吃穿住行用的消费支出占78.4%，而用于教育文化娱乐的支出仅占10.5%（约969.3元）[2]。文化资本的缺失加之农村居民风险承担能力偏弱，双重作用之下造成精神需求满足的缺失。在目前中国二元经济结构下，这种差序格局在农村尤为显著，它使农民在城市的异质性社会中陷于孤立，处于边缘状态，这些“文化标签”“文化屏障”逐渐成为城乡分割的外显或隐蔽的分界标志。流动人口的增多使精神需要的满足问题更为复杂化，文化资本在不同区域内的传递，有可能出现“复制贫困”的现象。弱势群体精神需要的满足是更为薄弱的环节，文化资本的传递往往以“缺场”的方式强化了对其产生的持久性影响，这种影响存在的隐蔽性使其很容易被忽视。另外需要注意的

[1] 马克思恩格斯文集：第9卷[M]. 北京：人民出版社，2009：99.

[2] 根据国家统计局发布的《中国统计年鉴（2016）》数据整理所得，与往年相比数据已有较大程度提高，以2013年为例，2013年全国农村居民人均消费支出6625.5元，用于吃穿住行用的消费支出占80.8%，而用于文教娱乐的投入仅占7.3%（约485.9元）。

是，尽管学者们对于资本进行了非经济的解读，但他们还是给予经济资本以理论上的优先权，“经济资本处于所有其他资本类型的最根本处”，而且，这些非经济的资本事实上是经济资本的转化与伪装形式。

（二）信仰教育中的精神信仰层次建构

精神信仰是人类精神世界的深层结构，既深受其所处的场域影响，也深刻影响着场域和惯习的建构和发展。按照精神信仰特有的层次发展脉络，实践图式构成了精神信仰形成的“文化—认知”制度环境，促使场域个体朝着一种理想的方向发展，即向最终科学的精神信仰发展。精神信仰的发展是场域制度产生与发展的历史和场域行动者个体成长的历史相结合的产物，是实践活动显性和隐性图式交替彰显的结果。一旦行动者占有了具有相关特性的明确结构，就立即可以合法化地进入一个场。社会行动者进入场域后，采取的行为策略方式和信息传递的独特语言都是获得场域所认可的，在惯习引导下旨在进行场域的建构，这其中涵盖了意义建构和价值建构，入场的行动者凭借自身所拥有的不同资本的数量和权重确定了其场域位置空间，这是社会空间的客观结构，形塑着体现为价值观和世界观的主观立场，并由场域成员集体性的执着信念形成了各个场域特有的精神结构。根据场域的日常实践中地域性图式、道德自律下的惯习生成、位置空间的确立可将精神信仰的层次分为超自然信仰、生活信仰和政治信仰。

1. 超自然信仰：地域性图式的展开

在当前，中国还是传统意义上的农业人口占绝大多数的乡土社会，亲缘、地缘、宗族等深层社会网络的相互联结建构成了具有不同村落文化特色的独特场域，因此场域中的惯习在地方性知识的影响下是存在地域差异的，场域内的精神动力是在村落的形成中随着惯习自然形成并代际传递下来的。在村落的独特场域中，信仰实践活动、信仰价值表现、民众信仰需求、生活仪式、社会制度氛围、政府配套政策等各种关系共同建构了一个复杂的客观关系网络。在村落场域中，教育资源的不均衡，致使通过正规教育积累的文化资本相对匮乏，精神信仰往往是在生存空间的地域社会中长时期潜移默化、耳濡目染建构起来的，更多地呈现出富有地域特色的超自然信仰，可以说这是场域中行动者日常生活中的精神慰藉和寄托，是在一定地域范围的实践图式之中共同的惯习对生活世界的注解和内心世界的认同。超自然信仰由于受地域文化的影响，往往信仰对象不同，层次上可大致分为自然崇拜、祖先崇拜、村庙信仰，其中自然崇拜是超自然信仰的最原始的形态。人们最初局限于科技的发展水平，对未知神秘世界心存自然敬畏，渴望了解自然、了解人与自然关系，这是自然崇拜的原动力。祖先崇拜是早期社会关系意识的凝结，其包含特定场域内对传统规章、习俗的认可，整合场域中家庭与家族的关系。村庙信仰则是社区群体性的民间信仰，是社会关系意识进一步深化，超出了祖先崇拜血缘关系的限制，是不同地域文化影响下场域各种关系的交织。

2. 生活信仰：道德自律中的惯习生成

马克思明确提出“道德的基础是人类精神的自律”[1]的命题。中国传统文化中的伦理观念蕴含着丰富的道德资源，在信仰的场域空间里内含着传统文化浓厚的道德氛围，潜移默化地影响着人们日常生活行为，大多数人是根据实际生活得出自己的信念的。精神信仰是道德自律的动力支撑，而道德是精神信仰的重要内核，将信仰的普遍特征在场域中进一步呈现，包括场域实践性、社会关系性和文化积淀中的神圣性。道德自律作用一方面给行动者的活动创造相对自由的空间，另一方面可以在社会生活的方方面面调整社会关系中的行为规范。行动者可以在体验不同的生活方式中形成不同的非理性价值体验和理性的价值判断，如费孝通先生所说在当下中国“乡土社会的信用并不是对契约的重视，而是发生于对一种行为的规矩熟悉到不假思索时的可靠性”[2]，这种“不假思索”隐匿在潜意识之中，是一种非理性的价值体验；另外，行动者在日常实践活动中，将各种生活方式、

---

❶ 马克思恩格斯全集：第1卷[M]. 北京：人民出版社，1956：15.

❷ 费孝通. 乡土中国[M]. 北京：人民出版社，2013：15.

惯习行为、信仰形式自觉或不自觉地进行优劣排序，形成理性的价值判断。法国哲学家爱弥儿·涂尔干曾指出，“人们努力寻找自己追随的永久目标”，“道德就是这些努力的结果”，“道德的真正目的是让个体感到他不是一个整体，而是整体的一部分”。[1]场域中客观形态的文化资本都隐含着道德文化的烙印，文化的熏陶和制约使生活信仰中道德自律的“应然”要求在潜移默化之中调节着群体“实然”生活状态。

3. 政治信仰：理想—价值契合下的位置空间确立

政治信仰蕴含了理想的追求和理念的坚持，也包含着价值实现的追求，是理想和价值相契合的信仰。道德自律下的生活信仰主要是个人生活领域的信仰，而政治信仰主要涉及社会公共生活领域，道德以传统文化为载体，发挥着维护场域内秩序的职能，与此同时，其自身对于政治信仰又有很强的依附性。政治信仰的形成实质上是政治制度和理念在精神层面的“内化”过程，在政治场域中行动者依照其占据的位置关系的客观结构进行活动，为争夺特殊权威的合法形式而展开竞争，在日常实践中形成对整个政治制度观念上的信仰。政治信仰在场域中位置空间中对于信仰层次产生四种不同的影响力，具体包括：由内而外推动文化资本传递的内推力、约束经济资本运作逻辑的规制力、引导多元信仰变迁方向的整合力和社会法治信仰发展的支撑力。[2]场域空间内“不同类型资本的集中(这一过程与其他相应的场域的建构是相平行进行的)，实际上导致一种特殊资本，即严格意义的国家资本的出现”[3]，凭借这种资本，国家通过“元资本”决定着场域空间中不同形态资本间的价值含量和彼此转换的“兑换率”，确定各类资本的相互位置关系，实施国家层面的管制和协调。

4. 中国特色的多层复合精神信仰

场域交融是相对于场域中的行动者而言的，行动者(也就是人)的发展

[1] 涂尔干．职业伦理与公民道德[M]．梁敬东，付德根，译．上海：上海人民出版社，2001：291-292.

[2] 这里影响力的分类参考了戴建忠(2014)在《精神信仰的逻辑图式及政治相关性分析》一文的分析，从场域的视角进行了思考。

[3] 高宣扬．当代法国思想五十年[M]．北京：中国人民大学出版社，2005：524-525.

是多样性的，满足其发展的需求也呈现出多样性和层次性的特点。在多样性需求的视野下，场域之间尽管是相对独立的运行逻辑，但各个场域中存在的特殊资本按照一定的“兑换率”建构着联系，进行着相互渗透和转换，以完成正当化的程序转换，因此，行动者所处的场域之间应是可交融的空间。张岱年先生曾指出“厚德载物”思想是中华民族精神的主要表现之一，[1]“厚德载物”有兼容并包之意，是社会理想的信仰基础。中国传统文化的影响为精神信仰多层次交错提供了深厚的文化积淀。在精神信仰中涉及的主体与客体间价值关系问题上，中国传统上更侧重于信仰主体的精神境界。有理由认为精神信仰层次研究中的一个典型中国特色就是补缺导向型的需求信仰，即多层复合精神信仰。精神信仰场域既是一个实体空间，亦是一个抽象关系网络空间，具有潜隐性，精神信仰层次的发展涵盖：氛围与仪式、情感与自律（行为）、显性与隐性、能力与资本，积累社会资本、文化资本，并加大其转化为经济资本的可能。场域交融中形成一系列信仰行为与观念的排列组合，作为场域中的惯习潜移默化着行动者的行动和观念，在进一步的实践中以文化资本的形态积累下来，最终信仰成为人类实践活动中一种核心的文化价值观念并实现代际传递。多层复合精神信仰是在多重场域彼此影响中并通过个体的实践活动实现的。

（三）马克思主义信仰教育：现实的支撑和未来的指向

各个场域及其子场域的最终集合体现为社会总场域，在社会空间内，场域之间、子场域之间都存在着压力和张力的互动，并在互动中确立行动者的实践图式，包括：博弈策略、规划方案、仪式规范。只有认可场域中隐含的价值观念，并内化于以禀性系统作为主要外显的精神系统之中，才能以“有效在场”的状态参与日常实践活动。场域的边界并非一成不变的，它是在历史的推力中不断变动的。马克思指出，历史“场域”与“实践”的必然

---

[1] 张岱年先生最早概括了中国民族精神的主要表现为“自强不息”和“厚德载物”的思想，在其许多论著都有明确的表述，本文参考了《文化与哲学》一书的表述。

走向就是共产主义社会，同样，精神信仰是贯穿整个社会的无形力量，精神信仰“场域”与“实践”也有未来的必然指向，即马克思主义信仰。精神信仰的未来指向是行动者在科学化理论的指导下，接近或实现达到“自由王国”状态下的信仰，促使其实践图式朝着一种理想的方向发生根本性的变化，耳濡目染的切身经历会逐渐形成某种思维图式指导行为，并且惯习从中发挥作用，形成行为渐染作用。马克思主义信仰除了在意识形态层面发挥作用之外，还应具有经济领域、道德领域、文化领域等方面的引导和指向作用，它是符合社会和历史发展规律，具有合目的性的最高境界的精神信仰。借用恩格斯历史“合力论”的论述，同样，在经济、道德、文化、政治各个场域交互的过程中，单个场域可以看作具有不可化约特性的各种实际活动场所，同时也会有“无数互相交错的力量，有无数个力的平行四边形”，社会总场域的形成“可以看作一个作为整体的、不自觉地和不自主地起着作用的力量的产物”。马克思主义信仰能够整合各种分散的信念和意识片段，可以认为无论置于何种场域环境之中，精神信仰“合力”的旨归是马克思主义信仰，以下关于马克思主义信仰的三个信条是对前述不同层次精神信仰的终极回答：(1)唯物主义的世界图式：从超自然信仰中解放出来。精神世界的营造必须是经得起人类科学发展检验的，要为人类提供真实的世界图式和实践图式，马克思主义信仰提供的是唯物主义的世界图式，即世界自足，不谈鬼神，并非纯思维的逻辑演绎，为精神信仰提供了最科学的依据。(2)道德自律的价值根基：人的自由而全面发展是道德约束的至高点。马克思主义的价值观认为社会生活中的主体是多元化的统一，其中，个体价值追求的多元化是为了实现人的全面性发展，统一性是各个层次主体间具有从属关系，即从个人到组织、国家、民族再到整个人类社会。(3)理想追求的目标指引：人民至上，服务群众。人民是共产党人政治信仰的对象，帮助群众认清自己的根本利益，树立同社会主义本质相适应的人生价值观，发掘人民群众实践活动背后的真正动力，在马克思主义指导下进行信仰形成的文化环境营造和惯习养成，引导群众形成科学的精神信仰追求。

四、关注文化资本的意识形态属性增强思想政治教育接受的政治性

(一)文化资本意识形态属性的表达

马克思曾指出,“通过传统和教育承受了这些情感和观点的个人,会以为这些情感和观点就是他的行为的真实动机和出发点”[1],即个体是通过传统和教育的方式来接受意识形态的。被受教育者接受的意识形态则表现为一种具有实践倾向的精神力量,并成为受教育者思考和行动的出发点。文化资本中所积淀的传统价值以及文化资本的教育价值都是其意识形态属性的一种表达。毛泽东多次在论述中使用“文化”或“观念形态”或“思想体系”三个词表达与意识形态内涵接近的阐述。[2]前期毛泽东从中国的实际出发,把意识形态和文化问题紧密结合起来,从而为中国革命的胜利制定了正确的意识形态政策。[3]马克思认为,在阶级社会中,人们都处于一定的意识形态氛围中,接受着意识形态的影响,从而形成与社会相一致的思维方式、价值取向和行为习惯。文化不能免于政治的内容,而是政治的一种表达。文化还具有意识形态的功能,在不同国家的文化交流当中总是难免把意识形态的东西渗入到其中,潜移默化地发挥着政治价值观念的渗透功能。社会分配、制度体系、场域竞争等物质性内容,在布迪厄眼里是形成文化区隔和文化误识的最终力量。这一态度与马克思的意识形态理论是基本一致的。意识形态在马克思那里,具有“错误意识”“虚幻意识”的内涵,然而随着马克思的唯物史观和政治经济学研究的深入,意识形态范畴越来越清晰地将观念和现实两个领域联系起来。意识形态批判理论正是揭示观念对于现实矛盾、物质权力的掩饰和遮蔽,对于现实等级的虚假解

[1] 马克思恩格斯文集:第2卷[M].北京:人民出版社,2009:498.

[2] 俞吾金.意识形态论[M].上海:上海人民出版社,2014:172.

[3] 俞吾金.意识形态论[M].上海:上海人民出版社,2014:174.

决或置换。思想政治教育具有鲜明的意识形态教育内容,而且文化环境成为不同意识形态颠覆与反颠覆、渗透与反渗透的重要领域。国外研究和实践将意识形态渗透到日常生活的各个角落,既有历史博物馆、名人纪念堂等各类文化场所多样化的节日庆祝活动,也有文化和价值观念渗透其中的电视电影、媒体杂志等文化产品。尽管不同国家的历史文化背景各不相同,意识形态培育的内容各不相同,但重视意识形态教育,注意引领国民确立主流意识形态的做法却已形成共识。理查德·凯勒·西蒙在《垃圾文化:通俗文化与伟大传统》一书中提出"广告把意识形态和乌托邦调和在一起"的观点,这是对于文化资本尤其是客观化文化资本意识形态属性解读的一个独特视角。西蒙尖锐地指出:"广告商们学会了如何操纵我们的感情需要,这其中并没有特别的哲学因素,只有向我们兜售商品和服务的商业冲动,所有那些关于大石油公司如何关心大自然、大电话公司如何关心家庭、大运动鞋制造公司关心我们身心健康的故事,加在一块构成了诱人的资本主义神化了的美德。"[1]可见,以资本形态呈现的文化其中蕴含的意识形态属性是不言而喻的。一般而言,意识形态在文化环境中具有核心地位,其性质和地位决定着思想政治教育文化环境的性质,并主导文化环境建设的方向。在思想政治教育文化环境中,占主导地位的文化要素与占统治地位的意识形态是一致的,它成为思想政治教育文化功能的重要体现。文化资本不仅仅是社会统治阶层的意识形态的手段,而且是全部信息社会的合力运行空间,文化资本的界限决定了信息社会的界限。毛泽东认为:"一定的文化(当作观念形态的文化)是一定社会的政治和经济的反映,又给予伟大影响和作用于一定社会的政治和经济。"[2]具有理论形态特征的社会思潮和社会意识,尽管它们不占统治地位,但不能表明它们对社会成员的言行不发生影响,从社会经验来看,人们的不少行为由这些不占统治地位的社会

[1] 西蒙. 垃圾文化:通俗文化与伟大传统[M]. 关山,译. 北京:社会科学文献出版社,2001:113-114.

[2] 毛泽东选集:第2卷[M]. 北京:人民出版社,1991:663-664.

意识所支配。在这种意识形态上，恩格斯在《英国工人阶级状况》曾经指出过在资本社会中出现的现象："工人比起资产阶级来，说的是另一种方言，有不同的思想和观念，不同的习俗和道德原则，不同的宗教和政治。"[1]因此，对于占统治地位的意识形态来说，这种"另一种"以及"不同的"就是一种不可忽视的生态环境中的因素。

（二）自媒体场域中的主流意识形态认同

自媒体（We Media）是学者们在分析博客发展时引入的一个概念，意为进入门槛低，可以自由选择。对于自媒体的描述，国外最初是美国学者吉尔默在专著*We the Media*中以副标题的方式阐释自媒体的特点，提出它是"源于大众、为了大众的草根新闻"。而关于"自媒体"更为严谨的定义是由波曼等人（Shayne Bowman & Chris Willis）提出的，即自媒体是一个普通市民经过数字科技与全球知识体系相连，提供并分享他们真实看法、自身新闻的途径。可以认为，刘娜给出的定义是目前国内研究较为全面且权威的，即自媒体是一种基于Web 2.0用户主导生成内容的互联网产品模式，可绑定移动通信技术支持，允许不确定个体用户随时以语音、视频、文字、图片、转发、评论等多种形式自主设计、制作、分享的移动化、数字化、便捷化信息发布平台，属于大数据时代一种特有的技术与文化相互交融的新媒体形态。依托技术产生的自媒体，实质上是人的价值诉求和表达在虚拟场域的延伸，暗含着某种价值意志向技术使用者的渗透。可以说，自媒体构成一个文化场。从国内大环境来看，当自媒体形成一种趋势和潮流，处于风口浪尖的高校，因其知识交融和思维活跃的场域特点，对于新技术的接受和使用尤为迅速，如何应对自媒体技术对高校意识形态管理的影响，在当下显得尤为迫切和重要。习近平指出，"宣传思想工作的环境、对象、范围、方式发生了很大变化，但宣传思想工作的根本任务没有变，也不能变"，"宣

[1] 马克思恩格斯文集：第1卷[M]. 北京：人民出版社，2009：437-438.

[2] 刘娜. 自媒体意识形态安全问题及对策[J]. 马克思主义研究，2016(7)：86-95.

传思想工作就是要巩固马克思主义在意识形态领域的指导地位”，并明确提出“运用网络传播规律，弘扬主旋律”，“把握好网上舆论引导的时、度、效，使网络空间清朗起来”。当前，历史虚无主义用所谓的局部真实冲击着整体真实，给教育对象错乱的信息获取空间。高校作为我国意识形态工作的重要组成部分，直接关系到我国意识形态的安全，所折射的对主流意识形态的认同静态变化的镜像是国家意识形态工作效度和深度的缩影，做好高校意识形态的深度建设与管理工作，在自媒体时代的影响下如何正向引导大学生意识形态的发展，显得尤为重要。主流意识形态是统治阶级对现存经济关系、政治关系和社会关系的理论认识和概括基础上，所提出并信奉的一套价值观念、理论体系和是非标准。主流意识形态往往是社会政治权力渗透的利益表现，但其发挥社会作用的基础并不仅仅取决于统治者的支持，同时还取决于社会成员是否认同这个社会的主流意识形态。主流意识形态作为现实社会特定政治、经济、文化环境下的观念性产物，往往以其意识形态建构权威性、合法性和合理性而形成的稳定性和渗透力。思想政治教育接受的强势外力首先是大众传媒的深刻影响，大众传媒的传播指向受制于政治权力、经济权力等交织的多重影响。在现代技术支撑下的自媒体平台，尤其是拥有一定粉丝量和关注度的网络平台，越来越成为社会民众崇拜的对象和受到新奴役的强有力的工具。自媒体为群体参与搭建了平台，并开辟了主流意识形态宣传的新渠道，以互联网联结的诸多自媒体APP平台交织成为“读屏时代”所特有的文化现象，也将高校意识形态工作延伸到网络更为广阔的场域提供了空间。自媒体场域的形成为在大学生群体中进行增强社会主义意识形态吸引力和凝聚力的教育提供了机遇。自媒体工具与传统思想政治教育相结合，具有超时空、虚拟化的特点，给予被教育者（即大学生群体）参与时间的灵活性，整合了大量碎片化时间，在潜移默化中达成教育的目的。

(三)优化大学生思想政治教育的接受体系

需要注意的是,思想政治教育的政治性是思想政治教育与教育学领域的德育学两个学科之间差异性的显著表征,[1]政治教育相关领域也需要引起学科内研究的足够重视。

第一,建立青年文化建设新机制。以中国特色的社会主义共同理想凝聚以大学生为代表的青年群体,运用主流价值的话语体系,结合不同地域所特有的文化特色,拓展对大学生成长与发展有利的文化内涵,创新性地开展工作。充分考虑大学生群体的精神文化需求,在互动中与大学生群体形成文化共识。不同地域、不同群体的大学生有着不同的文化实践,这些实践体现了他们个性化、差异化的文化需求,有时这种需求甚至是隐性的,需要认真分析和把握,然后有针对性地提供文化服务。需要深入研究青年思想文化领域的情况,掌握这一领域的特点和工作规律,充分发挥青年报刊、出版物、网络媒体、影视作品在内的各种传媒和宣传阵地的作用,尤其发挥新媒体对大学生的影响,并改进互动方式,突出群众性、自觉性、经常性,满足大学生群体多层次的需求。要更多面向基层的普通青年,理论宣讲要让普通青年听得懂;文艺作品要让普通青年爱看爱读;公共文化设施要让普通青年用得上,把宣传文化资源更多地向基层倾斜,特别要向"蚁族"群体和弱势学生群体倾斜,让广大普通青年共享文化改革发展的最新成果。

第二,培育和弘扬大学生群体的民族精神。民族所特有的文化传统是大学生个体发展的思想基础,并通过代际传递的方式不断保存和积淀。马克思、恩格斯曾深刻地指出,"资产阶级,由于开拓了世界市场,使一切国家的生产和消费都成为世界性的了""物质的生产是如此,精神的生产也是如

[1] 戴锐.论思想政治教育学科建设的十大关系[J].思想政治教育研究,2010(6):8-11.

此。各民族的精神产品成了公共的财产”[1]。在“文化共生”的时代背景下，需要坚持中国特色的民族文化发展，全方位吸收人类文明成果，这其中弘扬民族精神是青年文化建设的重要内容。研究分析大学生精神文化生活的现实需求，充分利用当地的传统文化资源，持之以恒地对大学生群体理想信念、价值追求、道德自律、礼仪规范等方面进行引导和教育。依托现存的宝贵历史文化遗迹、红色文化资源，通过博物馆、纪念馆、主题公园等形式建立爱国主义示范基地，并以参观学习、会议研讨、主题征文等多样化的参与方式，使大学生群体更深刻全面地回顾、了解和思考民族历史，不断激发其爱国主义热情，增强国防观念，增强大学生群体实现中华民族伟大复兴中国梦的历史责任感和高尚的价值追求。

第三，创新青年文化的产业化运作。文化产业化运作是借助于产业化的形式，将文化资源向文化资本的转化过程，其目的是使民族文化中的优秀基因传统转化成具有时代特色的文化价值资源。一个民族在其悠久的历史传统中所形成的共同的精神风貌和价值取向，通过日常生活的潜移默化，不知不觉地以文化基因的方式渗透于人们的思维之中，内在地发挥普遍且持久的影响力。因此，要充分发挥好中华优秀传统文化基因的影响力，在现时代结合实际赋予其鲜活的时代印记，是当前青年文化产业化建设宝贵的文化财富和思想源泉。文化发展与青年培养是双向影响的，青年群体的文化需求具有强大市场动力，青年文化产业即是以青年群体为主体的产业化运作，青年群体在其中的角色既是文化产业化运作的参与者，也是文化产业化成果的受益者。在青年文化产业发展中，应动态关注青年群体的特点和需求，彰显个性与内涵发展并重，借助现代的传播方式、流行的表达方式，以青年群体易于接受的、具有时代气息的表现形式，整合民族文化资源，形成中国特色的青年文化体系。如2015年6月央视推出动画片《粉墨宝贝》，以中国传统文化中的昆曲为创作思路，与现代动漫产业相结

[1] 马克思恩格斯文集：第2卷[M]. 北京：人民出版社，2009：35.

合，形象地展现了“髯口胡须”“水袖戏服”等昆曲传统艺术元素，吸引了大批青年观众的目光。再如2018年2月央视推出的综艺节目《经典咏流传》，将北宋文学家苏轼的《定风波》、元代画家王冕的《墨梅》、清代诗人袁枚的《苔》等用现代音乐重新演绎经典，青年群体关注经典的热度不断高涨。

结束语

文化不仅仅是思想政治教育接受的外在环境，而且融合在思想政治教育接受的全过程中，思想政治教育本身就是一种特殊的文化形态。思想政治教育的接受过程不是单一的说服和教育，而是建立在科学理论指导基础上的、整合各种文化资源的教育过程。知识经济的发展使产业机构深度调整，文化产品的比重提高，人们在基本需要得以满足之后向更高生活品质和需要维度扩展，不仅有基本的生理需要和安全需要，还有高级的审美、娱乐、益智、归属、情感、自我实现等多层级的精神性需要。互联网、智能手机加快了流行文化的信息传递，这其中信息良莠不齐，网络的频繁应用对大学生群体如何甄别和融合网络流行文化都提出了新要求。网络时代虚拟化与社会化交织，决定了接受环境和接受载体的复杂与变化，推动了传统教育与信息化视角的融合，这需要思想政治教育工作者不断更新和丰富思想政治教育接受的资源和方法，增强大学生群体的文化鉴别能力。在具体的思想政治教育过程中，坚持引导大学生群体树立正确的价值观念，旗帜鲜明地聚焦中国问题，加强社会主义核心价值观教育。主流文化主动融入大众，适当地将流行元素融入大学生价值观教育，以大学生群体易于接受和理解的话语方式表达教育主题，将会有助于思想政治教育工作的开展，提高思想政治教育接受的有效性。

结束语

[illegible]

参考文献

[1]陈青生．厘清文化资本的内涵[J]．探索与争鸣，2007(1)：19-21.

[2]曲如晓，曾燕萍．国外文化资本研究综述[J]．国外社会科学，2016(2)：100-108.

[3]张耀灿．思想政治教育的特点和规律探析[J]．思想·理论·教育，2005(3)：4-10.

[4]高国希．论思想政治教育的目标与途径[J]．思想理论教育，2008(11)：4-9.

[5]胡木贵，郑雪辉．接受学导论[M]．沈阳：辽宁教育出版社，1989：1-2.

[6]邱柏生．思想教育接受学[M]．太原：山西人民出版社，1992：191-192.

[7]王敏．思想政治教育接受论[M]．武汉：湖北人民出版社，2002：30-32.

[8]万美容．论思想政治教育方法的融合发展[J]．思想教育研究，2008(2)：9-12.

[9]郑永廷．现代思想道德教育理论与方法[M]．广州：广东高等教育出版社，2000：6-8.

[10]斯沃茨．文化与权力：布尔迪厄的社会学[M]．陶东风，译．上海：上海译文出版社，2006：41-45.

[11]徐祥运，吴琼，张岩．论布迪厄教育社会学思想的理论渊源及理论框架[J]．辽宁师范大学学报(社会科学版)，2014(6)：807-816.

[12]邱柏生．要重视研究思想政治教育的生态环境[J]．学校党建与思想教育，2004(5)：7-10.

[13]吉登斯．现代性的后果[M]．田禾，译．南京：译林出版社，2011：106-108.

[14]陈秉公．马克思主义意识形态理论与社会主义核心价值体系建构[J]．马克思主义研究，2008(3)：19-24.

[15]高国希．社会主义核心价值的理论维度[J]．思想理论教育，2007(1)：33-38.
[16]孙其昂．关于思想政治教育本质的探讨[J]．南京师大学报(社会科学版)，2002(5)：18-23.
[17]张向东．文化视野中的和谐社会[M]．北京：新华出版社，2008：79-80.
[18]谢晓娟．思想政治教育：一种文化的分析视角[J]．马克思主义与现实，2010(5)：191-194.
[19]哈贝马斯．交往与社会进化[M]．张博树，译．重庆：重庆出版社，1989：3-5.
[20]余玉花．提高思想政治教育学科建设的理论自觉[J]．思想理论教育导刊，2013(8)：50-54.
[21]张岱年．文化与哲学[M]．北京：中国人民大学出版社，2006：37.
[22]田晶．高等教育公平问题研究[M]．北京：中国水利水电出版社，2013：8-10.
[23]沈壮海．论思想政治教育理论研究的新范式与新形态[J]．思想理论教育导刊，2007(2)：40-46.
[24]陈秉公．论思想政治教育学科基本理论的再系统化[J]．思想理论教育导刊，2006(8)：43-48.
[25]佘双好．思想政治教育的科学研究现状、特点及发展趋势探析[J]．思想理论教育导刊，2009(10)：83-89.
[26]李江涛，等．当代文化发展新趋势研究[M]．北京：中央编译出版社，2009：177-178.
[27]周鸿．布迪厄的阶层场域论与阶层的形成[J]．学术论坛，2005(1)：151-154.
[28]俞吾金．传统重估与思想移位[M]．哈尔滨：黑龙江大学出版社，2007：450-451.
[29]包亚明．布尔迪厄文化社会学初探[J]．社会科学，1997(4)：70-73.
[30]陈万柏．论思想政治教育载体的内涵和特征[J]．江汉论坛，2003(7)：115-119.

[31]布迪厄.实践感[M].蒋梓骅,译.南京:译林出版社,2003:100-101.
[32]高宣扬.论布尔迪厄关于“象征性实践”的概念[J].哲学研究,2016(3):66-73.
[33]周荔,王惠芬,张晟.精准扶贫的实践——基于布尔迪厄实践逻辑理论[J].南华大学学报(社会科学版),2017(3):32-36.
[34]高宣扬.当代法国思想五十年[M].北京:中国人民大学出版社,2005:524-525.
[35]倪愫襄.思想政治教育元问题研究[M].北京:中国社会科学出版社,2014:80-81.
[36]胡安宁.文化资本研究:中国语境下的再思考[J].社会科学,2017(1):64-71.
[37]本雅明.机械复制时代的艺术:在文化工业时代哀悼“灵光”消逝[M].郭东编,译.重庆:重庆出版社,2006:5-6.
[38]谭琳,李军峰.婚姻和就业对女性意味着什么——基于社会性别和社会资本观点的分析[J].妇女研究论丛,2002(4):5-11.
[39]黄力之.资本主义文化逻辑的双重性——论马克思的资本文化哲学[J].天津行政学院学报,2010(3):28-35.
[40]朱人求,等.马克思主义哲学新探[M].北京:社会科学文献出版社,2008:107-110.
[41]哈贝马斯.后形而上学思想[M].曹卫东,付德根,译.南京:译林出版社,2012:85-86.
[42]项久雨.思想政治教育价值与人的价值[J].教学与研究,2002(12):55-59.
[43]英克尔斯,史密斯.从传统人到现代人:六个发展中国家中的个人变化[M].顾昕,译.北京:中国人民大学出版社,1992:455-456.
[44]陈华洲.思想政治教育资源论[M].北京:中国社会科学出版社,2007:55-56.

[45]陈立思.现代化进程的生命线——当代世界的思想政治教育[J].教学与研究,2000(5):43-49.
[46]包亚明.信仰缺失与资本主义商品拜物教的文化逻辑[J].上海文化,2016(10):44-49.
[47]骆郁廷.论思想政治教育主体、客体及其相互关系[J].思想理论教育导刊,2002(4):34-38.
[48]沈壮海.思想政治教育有效性研究[M].武汉:武汉大学出版社,2008:10-12.
[49]周琪.思想政治教育视域下的“生活世界”话语回溯与规定[J].教学与研究,2009(11):80-84.
[50]赵红霞,樊俊霞.家庭文化资本在教育公平中的作用分析——基于实证研究的讨论[J].黑龙江高教研究,2014(12):10-13.
[51]李普曼.公众舆论[M].阎克文,江红,译.上海:上海人民出版社,2002:12-13.
[52]刘建军.论思想政治教育的个人价值[J].教学与研究,2001(8):48-52.
[53]霍克斯.结构主义和符号学[M].瞿铁鹏,译.上海:上海译文出版社,1987:83-84.
[54]宋惠芳.场域、惯习与文化资本——农村妇女城市社区参与边缘化的原因与对策[J].北京科技大学学报(社会科学版),2011(4):94-97.
[55]万可,储祖旺.竞争压迫:基于场域理论的高校弱势群体生成分析[J].江苏高教,2007(6):122-124.
[56]马维娜.控制与悬置:学校场域中的权力运作[J].学科教育,2004(1):1-7.
[57]胡纵宇.大学场域中的生存异化——贫困大学生成长境遇的社会学分析[J].湖南师范大学教育科学学报,2013(5):90-95.
[58]张莹.社会性别视角应用研究[M].北京:知识产权出版社,2007:7-8.
[59]刘靖.非农就业、母亲照料与儿童健康——来自中国乡村的证据[J].经济研究,2008(9):136-149.

[60]金里卡.当代政治哲学[M].刘莘,译.上海:上海三联书店,2004.710-711
[61]冯典.名牌大学与权力场域再生产机制的联系与互动——解读布尔迪厄《国家精英——名牌大学与群体精神》[J].复旦教育论坛,2008(5):36-40.
[62]田心铭.简论思想政治教育的目的、培养目标和教育内容——兼评"德育非政治化"的观点[J].思想理论教育导刊,2011(6):88-97.
[63]刘书林.论思想政治教育的本质——坚守"灌输论"的缘由[J].思想理论教育导刊,2012(10):38-44.
[64]任平.文化的资本逻辑与资本的文化逻辑:资本创新场景的辩证批判[J].江海学刊,2013(1):31-38.
[65]何中华.哲学:走向本体澄明之境[M].济南:山东人民出版社,2002:156.
[66]万美容.思想政治教育方法发展研究[M].北京:中国社会科学出版社,2007:150-152.
[67]张天勇.文化自信:场域转换与主体自觉[J].马克思主义研究,2017(5):113-120.
[68]王憬晶.韩国电视娱乐节目形态研究[M].杭州:浙江大学出版社,2010:8-10.
[69]王东莉.思想政治教育人文关怀的内容体系建构[J].教学与研究,2005(2):85-90.
[70]怀特序.文化与进化[M].韩建军,商戈令,译.杭州:浙江人民出版社,1987:70-71.
[71]谢晓娟.当代思想政治教育若干问题研究[M].北京:中共中央党校出版社,2012:12-13.
[72]沈壮海,王培刚,王迎迎.中国大学生思想政治教育发展报告2016[M].北京:北京师范大学出版社,2017:22-24.
[73]戴钢书.思想政治教育统计研究方法论[M].北京:人民出版社,2005:230-232.

[74]刘建军.《反杜林论》中的思想政治教育论断及其现代意义[J].教学与研究,2014(6):84-89.

[75]梁悦凤.接受美学理论视阈下当代青年社会主义核心价值观教育研究[J].中国青年研究,2014(8):111-114.

[76]顾海良.商品范畴作为《资本论》始基范畴的整体阐释及其意义——马克思《第六章 直接生产过程的结果》手稿研究[J].经济学家,2017(10):5-12.

[77]赵汇,杨超然.文化消费主义对青年价值观的影响与引导[J].中国特色社会主义研究,2017(4):63-67.

[78]郭鹏,郑华萍.论信息网络场域中主体间的道德学习[J].学术交流,2014(12):189-193.

[79]李德芳,杨素稳.提高思想政治教育接受性的社会心理学分析[J].马克思主义与现实,2007(3):162-165.

[80]刘居安.思想政治教育接受主体动力问题探析[J].马克思主义与现实,2004(4):106-109.

[81]刘建军.习近平对高校思想政治工作解惑功能的全面阐述[J].思想理论教育导刊,2017(10):54-58.

[82]BOURDIEU P. Three States of the Cultural Capital [J]. In Acts of research in social sciences, 1979(30): 3-6.

[83]BOURDIEU P. La Distinction: Critique Sociale Du Jugement[M]. Paris: Les Editions de Minuit, 1979: 8-10.

[84]BOURDIEU P. An Invitation to Reflexive Sociology [M]. Chicago: Chicago University Press, 1992: 133.

[85]DANCY J. Ethics without Principles [M]. Oxford: University Clarendon Press, 2004: 15-17.

[86]ANNAS J. Virtue Ethics, in Davis Copp (Edit.): The Oxford Handbook of Ethical Theory[M]. New York: Oxford University press, 2006: 516-520.

后　记

此书是在我的博士学位论文的基础上修改而成的。回首读书这件事，从2011年决心重新寻找读书深造之路到如今，已经整整过去了8年，这段时光真真切切记录着我的读书、写作生活中不能忘却的点点滴滴。在我攻读博士学位期间，论文的选题经过了诸多纠结和不确定，特别感谢我的导师徐国亮教授的指导。老师在思想政治教育与传统文化研究方面有着深厚的学术积累和独到的学术见解，他鼓励我要学会读书，并结合自身工作实际，提升理论研究层面对思想政治教育的关注和思考，并帮助我确定了文化资本分析与思想政治教育接受问题研究相结合的选题。师从徐国亮教授，我收获了太多，确定选题之后的我依然不自信，老师鼓励从小论文写作开始，逐步深化研究，这期间老师给予了好多宝贵的指导和建议，也渐渐让我有了更多的积累和信心。在写作过程中，从论文开题、框架梳理到提高会、预答辩再到答辩，论文经历了多番修改，老师严谨的治学态度和耐心的修改意见深深感动着我，正是老师在研究领域的开阔视野和丰富见解带给我颇多写作的灵感和收获，最终得以顺利完成论文的写作，并有了现在书稿的即将出版。

本书初稿作为博士毕业论文在学院进行答辩，感谢中国社会科学院罗文东教授、清华大学马克思主义学院艾四林教授在百忙之中参与论文答辩，并提出了许多宝贵且中肯的意见。感谢马克思主义学院带给我们每一个求学者的浓厚的学术氛围和深厚的人文积淀，这些潜移默化的影响不仅仅是在求学读书期间，也是我们未来学术研究道路上的深刻印记。衷心感谢王韶兴教授、徐艳玲教授、方雷教授、周向军教授、费利群教授、何中华教授、张士海教授、马佰莲教授、高奇教授、刘雅静教授、张志泉教授、夏巍副教授、郑敬斌副教授等各位老师，他们在理论学习、论文撰写过程中给予了我极大的启发和指导，同时老师们在学术研究方面的孜孜不倦带给我很大的震撼和动力。感谢我的博士同学葛宁、马莲、陶晓华、周颜玲、刘建梅、李林、刘燕妮、郑金鹏、范丽君、王萍、许真、任伟、李汉烨、戴科栋、管京等，在一起学习交流的日子让我收获了太多的帮助和感动。感谢我的同门兄弟姐妹刘启营、刘刚、郭庆玲、刘震、张颖欣等，他们让我真切感受到了大家庭的温暖。感谢学院里一直为我们辛苦忙碌的盛强老师、孟鹏老师，各种细致叮嘱使我的求学生活有条不紊、踏实前行。感谢我所在单位的领导和同事们，他们的温馨鼓励、默默支持给予了我求学道路上的极大动力。感谢陪伴我一起成长的学生们，他们让我深刻体会到了辅导员职业所带来的各种感动和满足，他们也是我研究选题的原动力所在。

另外，还要特别感谢我的家人，不管是日常工作的忙碌辛苦还是读书求学的辗转奔波、挑灯夜读，他们都给予了我最大的理解和支持，让我得以毫无顾虑地坚定前行。回想读博期间，大女儿从牙牙学语到开启她的读书生涯、小儿子从出生到学走路的跌跌撞撞，他们是我求学道路上莫大的动力。虽然对他们而言，不知道读博士、做科研到底要忙碌着什么，但是读书过程的严谨认真、努力坚持也许是我能影响到他们懵懂心灵的最大一笔财富。

在本书即将出版之际，对所有为之忙碌的朋友们表达我最真挚的谢意。同时我也深知在这一领域的研究仍存有许多需要深化的空间，本书的完稿也意味着一个新的起点，我将继续相关研究和思考，以期获得更多学术上的提升。

韩巧霞

2018年6月15日于威海